JN058219

わが国企業の生きる道

海外直接投資の在りかた

中島　護

東京図書出版

は じ め に

　わが国企業にとって、事業戦略上、海外を事業領域として、「投資」を行い、「現地子会社」を設立し、あるいは「企業買収（M&A）」を行うことは、もはや当たり前の時代になった感がある。

　人口減少がまぎれもないトレンドとなっている国内環境の下で、海外の広い市場への進出は、わが国企業にとって疑う余地のない選択肢である。

　「国際政治情勢」や「国際商品市場」は、昼夜関わりなく、常にわれわれの想定をこえて突然、そして急激に変化する。その間に、「新たな技術」、「新たな資源」によって生み出される「新たな商品、新たなサービス」を求める動きは、世界各地で爆発的に沸き起こっている。

　事業経営の基本的要素である「人」、「もの」、「金」などが、チャンスを求めて国境を越えることは以前に増して容易になったが、新たな角度から、「情報」、「知財」、「権益」などが、国際事業に不可欠な要素として認識されている。

　その間、グローバルな事業環境について見ると、「国境」、「宗教」、「地域文化の相違」など、国内では経験しない諸条件が存在し、それらは現在も依然としてやっかいな障害的存在となっている。

　長い年月をかけて資金と人材を投入して海外に築き上げる「海外直接投資」は、企業にとって貴重な財産である。

　本書を手にされる諸兄におかれては、「海外直接投資」に関し、単なる好奇心だけでなく、すでに何等かの形で、あるいは中心的に関わっておられる方も多いかと思われるが、ここで「海外直接投資」の諸問題

を、わが国企業の立場に立って、もう一度理解し、その運営について考えを巡らせていただきたいと願う次第である。

目　次

Ⅰ. 海外直接投資を理解する

本項では、「海外直接投資」を理解するために、まず次の項目から始める。

- なぜ海外に投資するのか
- 「海外直接投資」の「形」にも違いがある
- あらためて「海外直接投資」とは

1. なぜ海外に投資するのか

なぜ企業は、海外に直接投資を行うのか。それは、言うまでもなく事業を広く海外に拡大してゆくためである。

海外との事業といえばまず輸出、輸入がスタートとなるが、それらの事業をさらに確保し、発展をはかる為には、資金をあらかじめ投資して、地歩を固めることが有効となる。

本書が対象とする「海外直接投資」とは文字通り、「海外」で事業を展開するにあたって、必要な資金を「海外」に「直接投資」することを意味する。

第二次世界大戦後、わが国は、まず貿易立国を掲げて、資源を海外から輸入し、それを国内で加工して輸出することによって外貨獲得を図る、という経済復興発展モデルを構築して、経済再建を目指した。

当初は国全体の外貨不足から、長期間の「海外直接投資」を行うことは許されなかったが、大戦終了から6年経過した1951年から、主要商社による対米輸出拠点構築のための投資が、政府による個別認可ベースで始まった。当初の輸出の花形は繊維製品であったが、もう一つの主役は鉱山開発事業で、投資先は天然鉱物資源を産出するアジア、豪州、中近東、南米などの諸国に拡がっていった。

その後、わが国の経済が順調に発展、拡大するにつれて、「海外直接投資」の対象も製造業やサービス業へと拡がり、現在、わが国企業が海外に保有する現地

子会社は2万5,000社とも3万社とも言われる。^(注1)

　ちなみに「海外直接投資」の実績を、マクロベースの国内投資金額に加えてみると、わが国企業による内外投資金額の26.5％に相当する金額が、海外に投資されていると見ることができる。^(注2)

（注1）経済産業省統計「海外事業活動基本調査」による推計

2017年3月末　　　　　　24,959社　（親会社数6,523社）

地域別内訳：北米　　　　3,235社

アジア　　16,512社

ヨーロッパ　2,900社

その他　　　2,312社

- 親会社は、海外に現地法人（次項に規定する子会社・孫会社）を有する企業で、金融業・保険業および不動産業をのぞく。製造業、非製造業ともに対象とし、親会社の規模は問わない（調査対象会社のうち、回収率74.1％）。
- 現地法人は、子会社として、日本側親会社の出資比率10％以上の外国法人。さらにその孫会社として、出資比率50％超の海外子会社が、50％超を出資する外国法人。
- 一方、民間の調査では、東洋経済新報社『海外進出企業総覧2018年版』によると、わが国企業4,909社が海外に子会社を持っており、その総数は30,042社にのぼるとされる。

（注2）2017年度　国内設備投資額　　　　　　45兆4,475億円（E）

対外直接投資額　　　　　　16兆4,518億円（F）

（F）÷［（E）＋（F）］＝26.5％

出所：（E）平成29年度年次別法人企業統計調査

（F）財務省、国際収支状況

　本来、「投資」とは、「現在の資金」を将来の事業や収益の獲得・拡大に向かって振り向ける「不確実な」ことであるから、その不確実性を確実にする努力、即ち「経営努力」が重要となる。

　さらに「直接投資」という言葉には、「みずから事業に関与する」という意味が込められており、これには現地に資金を投資して、みずから事業経営に参画するということが含まれており、そこから「海外直接投

資」とは、企業みずからが海外で事業活動するための投資、ということになる。

本項では、事業活動の目的に応じた「海外直接投資」の在りかたを述べていく。

- 営業拠点の構築
- 現地生産（製造・組立・加工）のメリットを追求して
- 研究開発（R&D）、新しい技術・ビジネスノウハウ・ブランドなど事業発展の種を求めて
- 天然鉱物資源を求めて
- 不動産・インフラ建設・その他各種の権益取得のため
- 特殊目的のため

(1) 営業拠点の構築

企業にとって最大の命題は売上の拡大であり、そのための営業拠点の構築は海外直接投資の出発点である。自社製品の海外販売は、現地の輸入業者や輸入代理店経由による輸出によっても可能であるが、生活習慣や嗜好の土壌が異なる他国においては、商品の売れ筋が異なり、それに対応したマーケティングが必要となってくる。

自社ペースでの拡大計画遂行やライバル企業や現地の同業者と競争を展開するためには、現地における踏み込んだ事業展開が欠かせない。例えば、米国はわが国の企業にとって最大の事業領域であるが、わが国企業によるこれまでの、この広大な市場への事業構築には、さまざまな困難と克服の歴史が刻まれている。(注)

(注) 前頁（P. 9）に述べた、戦後初期の繊維製品の対米輸出は、やがて日本製繊維排斥運動へと発展し、最後には、わが国綿製品製造業全般の没落につながった。
その後、わが国対米輸出の中心は鉄鋼製品に転換したが、この流れも米国鉄鋼産業界から大きな抵抗運動を呼び起こし、その結果として、わが国鉄

鋼企業各社と米国鉄鋼企業との全般的な資本提携となって一件落着となった。

1980年代に入ると今度は、わが国の自動車の輸出に対するバッシングが全米に広がった。その対策として始まった現地生産の動きが、今日の、わが国の自動車産業の米国における繁栄につながっている。

1）「営業拠点」にもいろいろある

「営業拠点」には、「個々の営業店・販売店」、「広範な営業店ネットワーク」、「現地営業を統括する拠点」など、さまざまな形がある。

わが国企業にとっては、「現地に根付いたライバル企業との争い」、「気候・風土・歴史を反映した現地顧客の嗜好」、「伝統・文化による商習慣の違い」など、様々な未経験が、これまでの国内経験とは異なる活動の制約となる。

営業活動にとって、商品の性能・品質、価格競争力などはいずれも重要な要素であるが、まずは現地消費者の心をつかむことがポイントであり、長期的展望の下に現地に拠点を設ける意味はそこにある。(注)

(注) 海外の未知なる市場において販売を行うにあたっては、まず現地の有力販売業者と代理店契約を結んで販売委託からスタートする場合が多い。この場合の利点としては、販売拠点構築にかかる時間と資金負担を軽減し、さらに未知の現地販売上のリスクを回避する点が挙げられる。
しかしその場合は、代理店への手数料負担が掛かるばかりでなく、自社製品のマーケット戦略に関して代理店の意見を尊重せねばならぬなどの自由度への制約もある。
そこで次の段階として自社の子会社による現地拠点設立、販売網構築ということとなるが、その場合、これまで現地契約してきた代理店との関係をいかにするか、契約解消を含めた対応を考えねばならない。

2）営業拠点の機能

現地に構築する営業拠点活動は、基本的に国内と異なるところが無い

が、まずは地盤を構築して、目的を果たすことが求められる。

イ）営業の促進、販売拡大

はじめから自前の営業店舗を開く場合もあるが、まず現地に「営業統括拠点」を設けた上で「現地の代理店」や「フランチャイズ」を開拓、利用して拠点網の構築をはかることが常道となる。さらに現地の事情に明るい営業職員を確保して、以下の具体的活動に入っていく。

a）代金回収、クレジット管理、現地金融

営業活動の範囲には当然のことながら、代金回収が含まれるが、日頃の取引先のクレジット管理や、現地金融の提携利用なども守備範囲となる。

b）アフターサービス、クレーム処理

アフターサービスやクレーム処理も営業の一環と見なされ、修理受付窓口の開設も営業拠点設置と同じ範疇として取り扱われる。

c）本社からの輸入業務

本社との打ち合わせ、現地の乙仲業者を通じて輸入業務を行う。

d）倉庫、在庫管理

現地倉庫業者と契約をむすび、事業開始後は、入荷・出荷の状況を判断して倉庫・在庫管理を行う。

e）現地営業代理店、特約店、フランチャイズ店の管理

店舗ごとの営業成績を管理して向上をはかる。

f）新規市場開拓

さらなる業績向上を目指して市場調査を進め、新たな顧客を開拓するとともに、現地チャネルを通じて新たな市場開拓をすすめる。

ロ）アンテナ機能

現地市場情報・ライバル情報の入手につとめ、新商品・製品や改良を本社へ提案してゆく。

また、進出した国の新たな地域や、近隣国・地域の市場へのさらなる

進出の可能性を探り、本部に進言する。

(2) 現地生産（製造・組立・加工）のメリットを追求して
　本社から遠隔の輸出市場である相手諸国に工場を建設して製品を作ることは、海外進出の基本である。

1）海外に工場を建設する動機としては、以下の諸点が挙げられる。

　　イ）低廉な人件費によるコスト削減
　　　　国際市場における商品の価格競争上、コスト削減のために、人件費の安い国々・地域で製造する、という説明は最も判りやすい。さらにその製造拠点における製品の出荷先は、現地マーケットだけでなく、対日輸出、第三国への輸出基地としてなど多方面の市場が対象となってくる。
　　ロ）自社商品の競争力に自信がある場合でも、現地市場の好みに合わせて、デザイン、規格など、現地仕様の製品を供給することは、現地生産の大きな目的となる。
　　ハ）貿易不均衡から生じる貿易摩擦や、現地の保護貿易主義の高まりに対応して、現地商品製造のために工場進出するケースもある。
　　ニ）日本からの輸出の場合に被る外国為替（通貨価値）変動の影響を回避して、安定した価格で製品を供給する為に、現地生産を行う場合もある。
　　ホ）有力取引先、あるいは進出相手国からの誘致
　　　　有力な取引先からの要請によって、部品メーカーなどが進出する場合、あるいは現地政府・現地大手企業の部品メーカー育成など現地からの要請に基づく進出も多い。

2）現地に建設する工場は、現地子会社（ないしは合弁会社）の所有ということになるが、必ずしも新規建設するやり方だけでなく、既存の現地企業から工場だけを買収する方法や、工場を賃借りするやり

方もある。

⑶ 研究開発（R&D）、新しい技術・ビジネスノウハウ・ブランドなど事業発展の種を求めて

国内の既存体制のもとでは得られない成果を求めての「基礎研究」「新素材・新技術の情報収集・研究」「現地仕様製品の企画・開発・設計」「デザイン開発」「新製品のテスト・試験」「ソフトウェア開発」「医薬品の臨床実験」など、優れた技術や、新しい商品開発のヒントは広く海外にある。

１）現地の規格や、市場の嗜好に合わせた製品開発

現地市場に対応した製品開発に関わる研究開発や、国情に合わせた設計やデザイン開発は、現地において行うほうが効果的な場合が少なくない。

消費地で製品開発する事例の一つが自動車業界で、市場の好みに合わせて、大型乗用車、SUV（スポーツ用多目的車）、ピックアップトラックなどの開発が現地化されている。

２）医薬品の基礎研究と開発

研究開発機関の集積地 —— 薬品業界における新薬開発、臨床実験の進んだ英国、ドイツ、米国などの先進国、地域や、シンガポールなどの好環境の国々が好まれている。

３）システムソフトウェア開発

教育程度が高く、しかも人件費が割安な国、例えばインドなどでのソフトウェア開発は、欧米企業にわが国企業も加わって広く行われている。

４）技術・ビジネスノウハウ獲得のため

新たなビジネス機会を世界中に模索するという考え方は、経済が成

熟した現在のわが国において欠かせない。

IT 分野の先端技術獲得のために、自らも投資し、企業を設立して、開発企業の集まる国や地域へ参加することは有効な手段と考えられる。

5）デザイン開発など、わが国国内では容易に得られない「異なる感覚」の獲得を目的とした投資も行われている。

⑷ 天然鉱物資源を求めて

天然鉱物資源への投資に関して、わが国は初期の段階から重点的に推進してきたが、その重要性、意義はいまも変わっていない。

1）天然鉱物資源（石油・天然ガス・石炭・鉄鉱石・非鉄金属・金・塩・レアメタルなど）

天然鉱物資源の豊富な国々は、サウジアラビア・湾岸諸国（石油・天然ガス）、オーストラリア（鉄鉱石・石炭・天然ガスなど）・南アフリカ・ブラジル（鉄鉱石）、チリ（銅鉱石）など多々あるが、それらの中には資源ナショナリズムの高まりが著しい国・地域も少なくない。

開発のためには、なによりも政治的に安定していることが重要な要素であるが、加えて、開発する鉱山が輸出港から遠く離れていて、鉄道敷設などインフラ開発から投資がはじまるなどの費用負担が懸かることも大きな考慮点となる。

投資の形態は、「資源会社の株式を取得するケース」、「採掘権を支払うケース」など一様ではないが、資源会社の本社所在地が資源のある現地国と異なるケースもあり、その場合に統計上、投資先となる国は資源のある国ではなくて、その資源を保有する企業の所在国ということになる。

２）農林水産物資源の調達確保

わが国は、食料など農林水産物資源も海外に大きく依存しており、投資となる対象業種は、穀物・飼料・野菜・果物・肉類・水産物・木材・紙パルプなど多岐にわたる。

事業形態も、「集荷」だけでなく「栽培」、「捕獲・養殖」、「植林」など様々な段階にわたる。

これら動植物資源の特徴としては、気候変動によって収穫が大きく左右されるところにある。不作であれば、数量の確保が困難となるとともに、市場価格が高騰する。反対に豊作であれば、市場価格が低下して、取引採算に見合わない状況となることもある。

また資源保護の観点から輸出国サイドの規制がある一方で、反対に疫病発生などの場合は、消費者保護の観点から輸入国において規制が発せられる。

⑸ 不動産・インフラ建設・その他各種の権益取得のため

現地国に資産を取得、あるいは建設し、さらにその物件を取得して、収益を獲得することも海外直接投資の目的となる。

１）不動産

不動産事業は、「オフィスビル」・「工場団地」・「住宅開発」・「ホテル」・「リゾート」・「倉庫」などの施設・物件を「建設・開発して売却する事業」と、それらの物件を保有して自ら運営して「賃貸収入をはかる事業」とに区別できる。また開発当初から建設完了、さらにその後の保有まで一貫して事業目的とする向きもある。

なお不動産保有目的としては、事業用に限らず、非事業用取得の場合もある。

現地における他の事業に付随して、オフィス、工場、工場用地、社員住宅などを取得する場合や、個人が単なる保有目的から購入する場合もある。

取得対象物件に関して取得する権利は、所有権、または賃借権であ

るが、賃借権の場合は権利金の支払いが直接投資となる。

２）大規模建設

　海外諸国・地域におけるインフラ建設も投資の対象となる。対象となる物件としては、発電所・パイプライン・港湾・空港・高速道路・橋・地下鉄・上下水道など多岐にわたるが、概して現地政府の政策に沿って行われることが多い。

　これらは、建設事業として終わる場合もあるが、それでも建設事業完成に至る間の投下資金は、１年を超えて長期となる場合が多い。

３）各種権益獲得のため

　発電・電気供給、水道供給などの公共事業を建設し、その後の運営をも請け負う事は安定した直接投資であり、多くの場合、一旦事業参入すると競合が少ないことから、妙味ある権益獲得とみることができる。

⑹ 特殊目的のため

　これまで述べた投資目的とは観点が異なるが、グローバルな事業展開を行うために必要な機能を目的とした拠点構築が行われる。

１）持株会社

　傘下に、その地域の複数子会社をまとめる為に「持株会社」を設立する企業は少なくない。

　企業買収（M&A）を行う際には、現地の子会社経由で行うことが一般的であり、その為には持株会社が設立される。買収スキームの構築、買収交渉や買収後の手続き、さらには買収後の買収企業のリストラなど、一連の流れはすべて現地の持株会社を出発点として行われる。

　また、持株会社の傘下であれば、現地子会社の増資、合併、閉鎖などが機敏に行えるといった利点もある。

２）地域統括本部

　海外展開が進んで拠点の数が増えたり、現地取引が拡大して迅速な決裁を迫られたりといった事態に至った場合に、現地に統括本部を設ける利点が生じてくる。この場合、前述の「持株会社」とする必要は特にない。

　既存の有力拠点に、現地の他の拠点に対する統括権限を付与することになるが、詳しくは、後段（P. 173「８．地域統括拠点について」）で述べる。

３）資金・外国為替集中管理

　国際金融市場における自由化が進み、資金の国家間の貸借や決裁、あるいは外国為替が自由に行えるようになった今日ではあるが、いまだ解決されない隘路は多い。

　円貨、米ドル、ユーロなど主要通貨の取引は一日24時間無休で行われるとはいえ、やはり各通貨の母国の金融市場の動きに左右されるものであり、市場の主役である大手金融機関の影響力は無視することが出来ない。

　一方、アセアン諸国や、中国など広い地域に拡がる複数の拠点の現地通貨のコントロールも重要である。

　さらに、金融市場激変といった事態発生に際しては、グローバル企業内の資金確保のための集中管理が不可欠であり、その為の統括拠点構築が必要となってくる。

４）節税のため

　節税というと脱税を想起させるがそうではない。グローバルな事業展開をする際に不可欠な視点は節税である。節税、あるいは無用な租税回避のための行動として、拠点設立時の対象国・地域選択の当初から税務問題は重要である。詳しくは後段（P. 107–110「３）税金」）で述べる。

　なお個人資産家などが、核となる法人をあらかじめ低税率の国に設

立しておき、そこに財産を移すような目的を持った会社設立も、節税目的の投資であると言える。

5）まるごと海外移転を図るため

　現地の事業が重要になるにつれて、さらなる発展のために「ほぼ現地企業へ成りきる」ことが必要となってくる場合もある。

　そこで行われるのが事業部門単位の現地への移転であるが、さらに進んで、本社をまるごと海外移転する動きもある。

　本社自体を移転するためには、まず持株会社を設立して、そこで調達した資金によって本社の株式を買収し、移転を行う。

　このようなことを実行する目的としては、イ）わが国の法人税の高さ、ロ）ディスクロージャーへの寛容度合い、ハ）現地企業に成りきる意欲、などが考えられる。

　このような事例としては、「スイス」、「シンガポール」、「英領ケイマン諸島」などへの事例が報告されている。

2. 海外直接投資の「形」にも違いがある

　海外直接投資を具体的な形態から見ると、以下のように分類できる。

- 株式取得
- パートナーシップ
- 支店
- 長期貸付
- 各種権利の取得（買収）
- BOT・BOO・BTO など

　以上に加えて「投資を伴わない海外展開」についても「［補足］投資を伴わない海外展開（P. 25）」で言及する。

(1) 株式取得

　海外直接投資は、ほとんどの場合、現地国・地域に設立された株式取得という形をとるが、「新規の会社設立」と「既存会社の株式取得（M&A）」の二つに分けられることは前述の通りである。

1）「新規の会社設立」

　現地の法制に基づいて新たに法人を設立し、その株式を取得するが、このような新規進出（「グリーンフィールド投資（P. 32）」と呼ばれる）は、新たな資金を投入して、新たな拠点を作り、事業活動を開始するやり方で、最も典型的な進出の形である。

　会社設立に続いて、事業開始のための事業許認可取得、利権取得などの手続きを行って活動を開始する。

2）「既存会社の株式取得（M&A）」

　既存の株式の購入を行う目的としては、①対象企業の経営権取得を目的として対象企業の株式の過半を買収する場合と、②友好的提携関係の樹立を目的として一部株式の持ち合いのための購入を行う場合の二つがあるが、前者の場合は「企業買収（M&A）」という言葉が使われる。

　「企業買収」のやり方については、相手株主と合意で行う場合と、証券市場における買い付けによる取得があり、後者の場合に相手株主と争う事態となった際には「敵対的株式買収」と呼ばれることもある。

　業務提携を目指すなどの目的から、現地企業の株式（上場株式・非上場株式どちらのケースもありうる）の一部を保有する場合も、証券市場から購入する場合や既存株主から直接購入する場合など両方のケースがある。

　投資ファンドによる株式取得は、第一義的目的が事業経営を目的とするものではなく、投資資金への配当とキャピタルゲイン獲得を目的とするものであるところから、直接投資ではなくて、証券投資の部類に入るが、投資後の状況変化によってはファンドが経営に関与する場

合もあり、そのような際には直接投資的な色彩をおびてきて、直接投資と証券投資との境目が無くなる。わが国の投資ファンドが海外に投資する場合も増えており、対象も事業会社だけでなく、不動産投資を目的とする不動産投資ファンド（REIT）が海外に投資を行うケースも出てきている。

3）「増資引き受け」、「株式転換権付き債権取得」
これらは既存の企業へ参入する際の、株式購入の変形である。

(2) パートナーシップ
英国・米国を中心に行われる事業組織の形で、法人格を持たない。

収益・損失の責任は各出資パートナーの持ち分に応じて配分され、課税面でも二重課税回避の効果を有することから、資源開発、不動産開発などの事業で採用されることが多い。

わが国の「特定目的会社」や、中国における「合作企業」とは法的基礎、利用形態など、いずれも異なる。

(3) 支店
一般的な規定では、「支店」は営業を行い、その結果は本社の財務諸表の一部となる。また「支店」への資金投下（開設資金や長期貸付金供与など）も直接投資の範疇に入る。即ち、その業績はそのまま本社の業績に直結し、現地での法人税等納税後は、収益金をそのまま本社宛に送金するのが一般的である。

「支店」は、本社に直結した組織を維持できることも利点の一つであるが、現地における事業運営の機動性や、地元法規制（コンプライアンス）対応などの面で、現地法人に差異が生じる場合もある。

近年、本社の連結決算が進むにつれて現地法人設立が一般化して、「支店」を選好する傾向は減ってきたが、「銀行」の場合は、各国の金融政策上、「支店」での業務運営が行われている場合が多い。

なお支店の活動のうち、販売行為を行わないアフターサービス業務

も、現地では営業行為とされて課税対象となることが多いので留意が肝要である。

「支店」と「現地法人」
　活動拠点の形態として「支店」と「現地法人」があるが、異なる形態を選択する業界の代表として、「総合商社」と「銀行」が挙げられる。
イ）「総合商社」の場合
　　基本的には、「現地法人」を設立して事業を行うが、米国のような広域の場合には、そこからさらに米国内の「支店」を各地に設けて営業活動を行っている。
ロ）「銀行」の場合
　　銀行の海外事業は、現地の金融関係事業規制下で行われるため、一般的に「預金業務」などは現地法人でないと認められない。しかし日系企業から要求される金額の大きい融資などは、資金調達面で、現地法人として現地で受け入れる預金では不十分なために、本社の「支店」として市場資金を調達して行うことになる。

⑷ 長期貸付

　現地子会社（支店の場合もありうる）が長期運転資金を必要とする時に、本社から長期間の貸付を行う場合は、直接投資としてカウントされる。通常、長期間とは1年超を指す。
　海外資源開発の一環で、鉱山開発の資金を貸し付けて、返済は産出する鉱石を長期間にわたって受け取る方法（融資買鉱）もここに含まれる。

⑸ 各種権利の取得（買収）

　天然鉱物資源開発の権利を契約によって得る場合、一般的に、当初まとまった資金の提供を求められることが多い。石油、天然ガス探査、開発、生産に係る契約は、次のような契約の基に行われているが、これらの契約にはさらに種々の変形方式がある。
- 出資契約
- 探鉱権・生産権・生産開発権の取得

- ■ 生産分与契約（PS 契約＝Production Sharing Agreement）
- ■ 融資買油契約

　権利取得に関しては、特許や技術ノウハウの権利取得のための支払いも含まれる。また、製薬会社などが、特定の新薬を開発、製造、販売する権利を取得するために行う支出や、アパレル企業の欧米有名ブランド取得のための支出も同様である。

　いずれも投資する企業にとっては、目的のために、出資、資金贈与もしくは長期の資金供与を行う。

⑹ BOT・BOO・BTOなど

　資金不足の国のインフラ設備を建設する際に、建設者が資金と技術を提供し目的を達成するやり方である。投資者は建設完了の後に、対象物件をその国に引き渡すまで一定期間操業して資金を回収する。なお、回収条件の違いによって次のように分けられる。

1) BOT (Build-Operate-Transfer)
　建設完了後、投資家は対象物件を一定期間事業運営して投資資金を回収し、その後契約期間経過後、対象物件をその国に譲渡する契約。

2) BOO (Build-Own-Operate)
　投資家が建設したものを政府に移譲せずにそのまま所有し、政府から事業運営権を確保して事業を行い、投資資金を回収する契約。

3) BTO (Build-Transfer-Operate)
　投資家は建設完了後、所有権を直ちに政府に移譲するも、事業運営権を確保して事業を行い、投資資金を回収する契約。

[補足] 投資を伴わない海外展開

　本書で対象とする海外直接投資は、資金投下による投資活動であるが、その間、投資は伴わないものの、類似の効果を期待する海外展開も存在する。それらを理解して、現実の海外展開の場で使い分けていくことが大切である。

1）駐在員事務所

　駐在員事務所開設に伴う費用の対外支払いは、海外直接投資の統計上の分類には含まれない。

　駐在員事務所は、営業を行わないのが原則であるため、設置が簡単。（許可取得、事務所開設などの面で）情報収集が本来業務であるが、企業イメージを現地に露出することで、大きな意味で営業の拠点とも考えられる。

　一般的には、定点観測拠点として現地に「支店」を開設する前の段階で、現地の情報収集のために設置する、あるいは現地政府当局との接触、関係構築目的などの場合が多い。なお「駐在員事務所」は、通常営業活動を行わないこととなっているので、「支店」開設前の顧客開発などは行えない。営業活動を行っていると見られた場合、現地税務当局から課税対象とされることもありうる。また、アフターサービス活動も営業活動と見なされるので留意が必要である。

　なお、国・地域によっては、本社のための営業（現地顧客開拓など）、アフターサービスが許される場合もあるが、その場合は、現地税務当局から課税対象と見なされると考えた方がよい。

2）販売代理店（フランチャイズ契約を含む）

　現地企業に販売権を与えて販売を行うもので、商品の供給責任は負うものの、資金負担は現地企業が負担し、現地代理店の運営についても現地企業が責任をもつ。

［フランチャイズ契約について］

　販売をフランチャイズ契約に基づいて行っているケースは、非常に多い。自動車の現地代理店契約から、化粧品、日本食チェーンなど業種も多岐にわたる。

　フランチャイズ契約は、現地出資者との間の契約に基づいて商品・サービスの看板を掲げて販売を行う取引で、投資を伴わずに販売拠点を設ける概念である。その契約が本社と現地出資者の間で直接行われれば、投資は行わずに販売が期待できる。しかし多くの場合、現地法人を設立して契約投資者とすることが好都合なことが多く、その際に設立される現地法人は、販売目的の直接投資に該当する。また、現地におけるフランチャイズ契約と並行して、自らも販売店を設立して販売活動を行うといった販売網を構築する場合もある。

３）生産委託

　いわゆる外注であり、OEM とも ODM とも呼ばれるが^(注)、いろいろな形態があり、生産の対象物にはシステムソフトの製作なども含まれる。

（注）OEM（Original Equipment Manufacturing ＝相手先ブランド製造）
　　　ODM（Original Design Manufacturing ＝委託を受けて製品の設計、開発段階から関与する）

「ファブレス企業」と呼ばれる、自社工場を持たず、現地企業に契約によって生産委託をするやり方は、地元企業に契約で生産委託をするので、工場建設資金は不要。「協力工場」という表現を使うこともある。

　ここでは契約の仕方、生産状況の管理が重要なポイントとなる。

　始まりは「SPA（Specialty Store retailer of Private label Apparel）」或いは「製造小売（直販型専門店）」と呼ばれる事業形態にある。

　そのビジネスモデルは、小売業者がプライベートブランドを展開するために商品企画・素材調達からスタートして、契約先に委託生産を

行い、全量を引き取って物流管理し、自社直営ショップ、或いはフランチャイズショップで販売を行う一連のシステムを指し、各種商品で広く行われているが、元はアパレル業界に原点がある。(注)

(注) DC ブランド（Designers & Characters）と呼ばれる事業形態も同様のもので、こちらはデザイナーが主体となって企画・製造に関わる場合を言う。

契約は、いろいろな形式があるが、製造設備建設のための資金支援を行うこともある。委託先の最もポピュラーなのが、中国における衣料品、玩具製造などがその典型である。

委託者である投資サイド企業は、工場運営と、それに伴う種々のリスクから解放される。2008年、米国玩具大手「マテル社」が中国広東省の生産から撤退した際は、工場が生産委託先の香港企業の出資先であったので、工場閉鎖に伴う従業員による大規模デモの相手となることを免れている。

半導体業界では、既に大規模集積回路（LSI）の製造を委託に切り替えて自らは開発・販売に専念する傾向にあるが、反対に、受託する企業の側も専門化を進めて、電子機器製造受託企業は、「EMS 企業（Electronic Manufacturing Service companies ＝電子機器製造受託サービス企業）」、半導体製造受託企業は「ファウンドリー（半導体受託生産）企業」と呼ばれて力をつけ、いまやエレクトロニクス業界では不可欠の存在となっている。

その他の業種では、わが国家庭電器の「船井電機」、医薬品「エーザイ」などがある。また海外では米国スポーツシューズメーカーの「ナイキ」が有名である。

4）マネージメント契約

現地の経営を丸抱えで受託する契約で、ホテルチェーンが、契約によって現地側の保有するホテルにブランド名を与えて経営指導するなどの契約をいう。

5）アウトソーシング

外部委託とも呼ぶが、IT 技術が進歩した今日、内部事務の海外委

託もめずらしくない。コールセンターや、その他の内部事務処理（経理・人事など）などが対象となるが、主として近隣諸国間で国境を越えて行われている。

3．あらためて「海外直接投資」とは

これまで述べてきた内容を踏まえて、ここであらためて「海外直接投資」の意味や計数について確認していく。

- ▪「海外直接投資」の意味するところ
- ▪「海外直接投資」の金額（「フロー」と「ストック」、「グロス」と「ネット」）
- ▪「グリーンフィールド投資」と「企業買収（M&A）」
- ▪「海外直接投資」と「貿易」・「金融」の関係
- ▪「国内直接投資」と異なる諸条件

(1)「海外直接投資」の意味するところ

ここでは「海外直接投資」に関わる言葉の定義から始める。

1）「直接投資」と「間接投資」

「海外直接投資」とは文字通り、「海外」で事業を展開するにあたって、必要な資金を「海外」に「直接投資」することを意味する。

「直接投資」という言葉には、「みずから事業に関与する」という意味が込められており、これは現地に資金を投資して、みずから事業経営に参画するということである。ここで対比されるのが「海外証券投資」との相違で、みずからの経営を伴わない「証券投資」は「間接投資」として分類されて、「海外直接投資」の範疇には入らない。

「間接投資」における投資家の目的は、みずからの事業経営ではなくて、投資から得られる配当収入や、将来、売却した後に得られるキャピタルゲイン狙いであり、この点が「直接投資」との相違点となる。

　ただし政府統計上では、「直接投資」のうち、「出資比率10%未満」については、“投資対象企業の事業運営に対する「影響力が限定的」とならざるを得ないだろう”との観点から、計数は「証券投資」（「ポートフォリオ投資」とも表現される）に分類することとなっている。

　しかし投資企業にとっては、出資比率が10%未満であっても、金額的に多額に上る場合は重要であり、かつ出資比率が小さくとも現実には投資先に充分な影響力を与える場合もある。そのほかの動機として、輸出入など他の取引によって確保されるメリットを投資目的とするなど、種々の期待があって投資するわけである。

　これらを念頭において政府統計などは見てゆく必要がある。

　また統計上の留意点としては、投資の対象に関して、自社の「事業遂行のための資産・資源への投資」が対象とされるも、一方で、事業との関連が不明な「不動産の購入」なども、統計上は直接投資の範囲に含まれることとなっている。

2）「証券投資」

　主体としての投資家は、事業法人だけでなく、投資ファンド（国営ファンド、民間ファンド）や個人も含まれる。通常、投資ファンドの投資は「証券投資」主体であるが、中には、投資した事業に、外部から雇用したプロの経営者を派遣して経営に参画せしめ、買収した事業（企業）の内容を改善し、その価値を高めて売却をはかる「投資ファンド（マネジメント・バイアウト・ファンド）」などもあり、このような場合は「直接投資」と「証券業務」の統計上の垣根がグレーであると言わざるを得ない。

3）「長期」ということ

「直接投資」は、「長期」にわたる投資であるが、「長期」の意味するところは、一般的な経済統計では「１年超の期間」を指すこととなっている。しかし現実の結果としては短期間に完結する事業もあり、そ

のような事例を「直接投資」から排除するものではない。

(2) 海外直接投資の金額（「フロー」と「ストック」、「グロス」と「ネット」）
1)「フロー」と「ストック」
イ)「フロー」とは
「投入する金額」を表す。すなわち相手国に投資する（あるいは投入する）金額を言うが、自国を中心にして考える場合、（「対外直接投資＝アウトフロー」）と、逆に海外から投資を受け入れる場合（「対内直接投資＝インフロー」）の二つのケースがある。

「アウトフロー」の場合は、わが国から見て、投資資金の流出であるが、それは将来の利益を期待しての投資であって、その期待される利益とは、配当のほか、種々の権益の確保、ビジネスチャンスの拡大など、さまざまな目的が考えられる。

「インフロー」の場合は、流入した資金は多くの場合、短期間のうちに設備投資に投下されるので、わが国経済 GDP（国民総生産）に貢献することとなる（一方、「アウトフロー」は、投資相手国の経済に直接寄与するものの、わが国 GDP への影響は無い計算となる）。

「アウトフロー」と「インフロー」の統計金額は、それぞれの国が、国際収支統計を基にして相手国別に算出し、さらに投資先企業の再投資収益を加算することになっている。しかし各国の統計手法の統一性徹底の不完全さから、現実の国際統計では「アウトフロー」と「インフロー」の差異が生じ、根絶は不可能な状況にある。なお集計作業中の各国通貨に対する為替交換率の違いなども差異の主因の一つと見られている。

2006年、ソフトバンクは、英国ボーダフォン社から、その日本法

人を1兆9,172億円で買収して携帯電話事業に参入した。この取引は、わが国企業による、外国企業がわが国に保有する企業の買収の大きな事例であったが、統計上は、わが国企業による海外直接投資（アウトフロー）ではなく、外国企業によるわが国への直接投資（インフロー）のマイナスとして分類されている。

ロ）「ストック」とは

海外直接投資の現在残高、すなわち「投資残高」を表し、後述の「ネット」ベースのプラス・マイナスによって増減する。

平成29年末における、わが国の直接投資残高は、下表に示されるように、174兆6,990億円となっている。

（わが国の対外資産残高）
a．直接投資　　174兆6,990億円
b．間接投資　　463兆4,170億円
c．金融派生商品　33兆8,340億円
d．その他投資　198兆　750億円
e．外貨準備　　142兆4,060億円
平成29年末合計　1,012兆4,310億円
［財務省：平成29年末　本邦対外資産負債残高］

3）「グロス」と「ネット」
イ）「グロス」とは

「海外直接投資」における「グロス」とは、投資の支払い側の金額を国単位で集計したものを指す。

この集計方法については、かつては政府による投資認可ベースの集計で行われていたこともあるが、現在では、投資資金の外国送金時に提出される報告書から集計される。

一方、企業買収（M&A）情報は、企業発表の情報が基となるが、開示は任意であり、企業の都合（例えば、売買取引の際の相手企業と

の非開示の約束がある場合や、案件規模が小額の場合など）から開示
されない場合もある。

ロ）「ネット」とは
　国際通貨基金（IMF）の指導の下で、計数の世界的統一を図るべ
く、次の要領で、国単位で集計が行われている。
　①投資資金の送金、②投資資金による収益の再投資、③投資資産の
価値評価の向上、などがプラスの計数で表され、反対に、①投資資金
の回収、②投資資金の減資、③投資資産の価値評価下落、などはマイ
ナスとなり、その差額で表される。

　開示諸計数への留意点として、「海外直接投資」に関する諸計数は、
国際機関や政府が開示する公式な計数と、企業や調査機関が発表する
計数と２通りあるが、いずれの場合にも「推定」や「曖昧さ」が多々
含まれており、これは承知して進まねばならない。

(3)「グリーンフィールド投資」と「企業買収（M&A）」

「投資」の一般的流れとして、相手国に受け皿となる「会社＝多くは株
式会社」の設立にはじまり、事業構築のための資本金を送金して（或い
は現地借入する）新たな事業構築をはかる。この「投資」のパターンを
「グリーンフィールド投資」と呼ぶ（ここでは、当初の資本金送金だけ
でなく、その後の増資や、借入も含まれるが、新たな資金が投入される
という点がポイントである）。
　これに対して、「企業買収（M&A）」の場合には、「投資資金」は新た
な事業構築のためではなく、買収対象企業の株主に支払われるので、買
収対象となった企業の資金には影響なく、新たな事業につながるわけで
もない（売却した旧株主が受け取った代金を別の投資に振り向けるかど
うか、この点は全く別の話となる）。
「企業買収」は単に企業の所有権が売買されるだけで、新たな実物投資
が行われることを意味しないものの、「直接投資」の範疇に含まれる。

⑷「海外直接投資」と「貿易」・「金融」の関係

１）「海外直接投資」と「貿易」

「海外直接投資」と「貿易取引」は明らかに異なる取引である。「貿易取引」においても輸出代金回収までは「輸出債権」（会計上は「資産」となる）が発生するが、「輸出債権」は取引される商品によって担保される事、さらに通常の「輸出債権」は１年以内に回収される契約が多いといった点で、「投資」とは区別される。しかし取引や代金回収までの期間が長期にわたる契約や、事情によって回収が遅れるものなどもあり、それらは「非流動資産」とされて、「投資」と同様な長期間のリスクと見なされる。

２）「海外直接投資」と「金融」

「海外直接投資」は、相手企業の支配を目的として、株式を取得する、或いは資金を貸し付けることにあり、みずからの事業遂行に関わる長期資金を投下する「投資」する行為であって（親会社からの貸付金は、直接投資の範疇である）、金融業者が返済を前提とした資金を融通する「金融」とは性格が異なる。

［補足］「海外直接投資」と経済諸指標

全世界ベースの経済諸指標と「海外直接投資金額（インフローベース）」を比較すると次のようになる。

（経済諸指標）　　　　　　　　　　　　（2017年金額）
国内総生産　　　　　　　　　　　80兆7,380億ドル（A）
貿易量（輸出）　　　　　　　　　17兆1,980億ドル（B）
固定資産形成　　　　　　　　　　20兆0,860億ドル（C）
「海外直接投資金額（インフローベース）」　1兆4,298億ドル（D）
　（D）/（C）＝7.11％

これによると「海外直接投資」は、この年、固定資産形成面で7.11％の貢献をしたと解釈することが出来る。

　出所：A, C　World Bank

B　　World Trade Organization

D　　UNCTAD World Investment Report 2018

⑸「国内直接投資」と異なる諸条件

　以上について述べた上で、「海外直接投資」が「国内直接投資」と異なる条件について３点を挙げておく。

1）国境の存在

　かつて海外渡航者にとって常に意識の中心にあった、国境を越えるといった感覚は、近年随分と緩和されてきたように感じられる。

　各国の入国管理事務所の近代化や、日本国パスポートの信用もあって、移動に伴う不快な思いが大幅に低下しただけでなく、欧州内では「シェンゲン協定」加盟の国々（26カ国）を旅する度に、嘗てそこに国境の入国管理事務所があったことさえ認識することが無い。

　「海外直接投資」においても、日頃、国境を認識するとすれば、税金問題（関税、移転価格税などの）ぐらいなものかも知れない。特に現地に多額の投資を行い、現地雇用で貢献して地元当局から歓迎されていると、外国生活における危機感が希薄化する。

　問題となるのはトラブルが発生した時である。特に法律上の差異が明らかとなった際には、日本における常識は通用しない。

　人々の交流が盛んになり、平和がもたらされたといっても、国境の存在は依然無視出来ぬ要素である。そこに居住する人々の国益は国境によって守られていることを常に認識して、「海外直接投資」の際の心構えとすべきである。

2）異文化

　事業の海外展開において直面するのは、「言語」、「宗教」、「歴史観」といった文化の違いであろう。

　なによりも「言語」は、信頼と誤解の根源であり、お互いの理解の

妨げの第一歩ともなる。ビジネスをしようとする間柄であれば、少しでも相手を深く理解するために、言語習得の努力はするべきであろう。

「宗教」の問題は、多くの日本人にとって理解がむずかしい問題である。

　わが国では、日頃の生活感と信仰行事との密着度合いは、さほどの事とは言えないが、世界の多くの国・地域において「宗教」は、信じることについてだけでなく、社会生活の常識や行動の根幹となっている。

　イスラム教におけるモスク、キリスト教やユダヤ教社会における教会への信頼度の高さはわれわれの想像を超え、時として政治的な権力をも上回る。その傾向は拡大する様相すら見せており、われわれはそのことを充分に理解し、共存していかねばならない。

　人々の持つ「歴史観」については、特に韓国や中国において「対日の歴史観」が問題とされることが多いが、それだけではない。世界各地において、隣国のひとびとがお互い相反する「歴史観」をもって暮らしていることは、第三者であるわれわれには、なかなか認識し難い。

　また単なる誤解だけでなく、文化・生活の違いからくる「倫理観」の相違もあって、それらに鈍感であることが許されない場合もある。

　現地に生活してビジネスを行う者としては、このようにその国・地域と、周囲の第三国・地域との間にも種々の問題が存在する事を理解していかねばならない。

「郷に入っては郷に従え」、或いは「When in Rome, do as the Romans do.」というのは、いまも変わらぬ鉄則である。

3）遠隔地であること

　海外に拠点構築して事業展開する場合、「遠隔地」という要素は、

無視することが出来ない。そこで緊急事態が発生した際に、現地に駆けつけるまでにかかる時間は、国内の場合と各段に異なることを常に念頭においておくべきであろう。

　「時差」はいつになっても、無くすことが出来ない障害の一つである。

II. わが国主要企業の海外展開
―「海外比率」に見る ―

　前章の「海外直接投資」の概要に続き、ここでは、わが国企業の状況を見ることとするが、実は、個別企業の状況を並行的に比較することは容易でない。

　情報源としては、各社ともホームページ（HP）で、自社の事業活動の状況をそれぞれ開示しているものの、そこから他社との比較可能なデータを入手することは難しい。

　そこで本書は、証券市場に上場している企業が提出を義務付けられている「有価証券報告書」に情報源を求めることとする。その理由は「有価証券報告書」の情報の信頼性の高さと、各社データの比較可能性にある。

　一方、証券市場に上場していない企業は、仮に企業規模が大きく、かつ海外事業が活発であっても、ほとんどの企業は「有価証券報告書」の作成、あるいは同等レベルでの情報開示がないので、必要な情報を得ることができない（有価証券報告書から得られるデータについては、P. 50［補足］「有価証券報告書」データについて、で簡記する）。

　対象とする企業は、実務的な制約から主要企業のみを選択した。その選択にあたっては、東京証券取引所上場企業（2018年10月現在3,635社）の中から、企業規模が、売上高3,000億円規模以上であること、さらに各社が開示する「有価証券報告書」の「セグメント情報」において、海外比率（業績全体における海外分が寄与する比率）に関する計数が入手可能な215社をリストアップした（基準となるのは、平成28年度決算、多くは平成29年3月末決算の情報となるが、決算月が異なる企業についてはそれぞれの決算に従っている。各々の企業名および計数については、巻末の「［附表］主要各社の動向（P. 184以下）」に列挙するので参照ねがいたい）。

なお企業を選択する過程で、その企業に別の上場企業が、50％を超える出資を
して、決算上「連結対象」としている（子会社としている）場合には、「連結子
会社」が上場していて「有価証券報告書」を作成・開示している場合でも、その
計数は親会社の一部となり、全体的には重複することになるので、ここでは親会
社のみを選択対象とした。

　本項では、わが国主要企業の「海外直接投資」の状況を、主要企業グ
ループの事業全般に占める「海外と国内の比率（海外比率）」に絞って
見ていくこととする。

- 「売上高海外比率」(注)
- 「長期性資産海外比率」(注)
- 「海外拠点の業績貢献度（所在地別セグメント情報）」
- その他の比率について（「生産海外比率」と「雇用海外比率」）

　さらに、同様な観点に立つ「国際連合貿易開発会議（UNCTAD）の
考え方」をご紹介する（UNCTAD ＝ United Nations Conference on Trade
and Development）。

　(注) a)「売上高」は、企業の会計方針によって、「売上収益」、「営業収益」、「経
　　　　常収益」、「収益」などの異なった勘定科目で表現されているが、ここでは
　　　　事業の傾向を比較することが目的であるのでそのまま採用する。
　　　 b)「長期性資産」は、貸借対照表における「短期流動資産」に対応する部
　　　　分であり、「有形固定資産」、「無形資産」、「繰延勘定」から構成されるが、
　　　　「有価証券報告書」の「セグメント情報」における「関連情報」では、「有
　　　　形固定資産」、或いは「非流動資産」など、企業の会計方針によって、異な
　　　　る科目基準で開示されている。

1.「売上高海外比率」

「売上高海外比率」は、その企業が「売上高」を国内外連結ベースで、
どの程度、海外市場に依存しているのかを表していて、その企業グルー
プの海外展開の程度をはかる目安とされる。

　ここで「海外売上高」と呼ぶのは、企業グループ全体の売上高のうち、最終顧客が日本以外の分を指すので、「本社からの輸出」プラス「海外拠点売上高から対日輸出を除く分」となる。なお企業グループ内の取引、即ち「本社から海外拠点向けの輸出」と「海外拠点から本邦向けの輸出」は連結決算上の相殺によって除かれる。

「売上高海外比率」＝［「本社からの輸出（海外関連会社への輸出は除く）」
　　　　　　　　＋「海外関連会社の売上高（日本への輸出は除く）」］
　　　　　　　　÷「本社連結売上高（海外関連会社の売上高を含む）」

　以下、対象企業の計数を業種別に集計して併記する。

主要企業（業種別215社）の「売上高海外比率」（平成29年度）

	連結売上高合計	売上高海外比率
［製造業］		
エネルギー（4社）	17兆4,885億円	21.2%
自動車関連（27社）	93兆4,512億円	74.5%
エレクトロニクス（22社）	55兆0,556億円	55.4%
鉄鋼・非鉄金属・電線（11社）	11兆1,758億円	47.4%
機械（33社）	37兆2,906億円	69.5%
化学・医薬・化粧品（36社）	34兆4,792億円	51.6%
繊維・紙・パルプ（5社）	6兆1,023億円	40.1%
食品（17社）	16兆8,985億円	33.3%
ゴム・窯業その他製造業（19社）	17兆5,057億円	56.6%
合計（174社）	289兆4,474億円	59.0%
［非製造業］		
商社（13社）	44兆2,982億円	47.3%
金融（6社）	21兆9,932億円	33.0%
小売（4社）	16兆6,692億円	22.8%

情報通信（2社）	10兆1,032億円	48.6%
不動産・建設（6社）	5兆1,490億円	46.5%
運輸（5社）	7兆2,368億円	24.1%
その他のサービス業（5社）	10兆2,723億円	44.2%
合計（41社）	115兆7,219億円	39.4%
製造・非製造合計（215社）	405兆1,693億円	53.4%

　この中で特に高い比率（80％を超える）の各社を抜粋し列挙するが、その他の企業については、巻末の［附表］「主要各社の動向（P. 184以下）」を参照ねがいたい。

村田製作所	91.7%	三菱自動車	84.1%
TDK	91.1%	マキタ	82.7%
ヤマハ発動機	89.4%	マツダ	81.8%
シマノ	88.6%	アルプス電気	81.8%
東京エレクトロン	86.8%	ブリヂストン	81.2%
ティ・エス・テック	86.0%	コニカミノルタ	81.0%
ニコン	85.7%	SUBARU	80.4%
本田技研工業	85.4%	オリンパス	80.4%
日産自動車	84.6%	ケーヒン	80.4%
小松製作所	84.2%		

2.「長期性資産海外比率」

「長期性資産海外比率」は、連結貸借対照表における長期資産のうち、海外における残高がどの程度の割合となっているかについて表している。これは企業にとって、自社の長期性資産残高全体における「海外直接投資」がどの程度であるかの割合を知る指標となる。

　(注)「長期性資産」の代わりに「有形固定資産」や「非流動資産」との表示もあ

る。

「長期性資産」　＝「有形固定資産」＋「無形資産」＋「繰延勘定」

「有形固定資産」＝「建物・構築物」、「機械・装置」、「船舶・車両・運搬器具」、「工具・備品」、「土地」、「リース資産」、「建設仮勘定」

「無形資産」　　＝「特許権」、「意匠権」、「商標権」、「ソフトウェア」、「営業権（のれん）」等

「繰延勘定」　　＝「繰延資産（含む、持分法投資)」＋「長期前払費用」

「非流動資産」　＝「有形固定資産」＋「無形資産」＋「持分法投資」等

以下、対象企業の計数を業種ごとに集計して併記する。

主要企業（業種別）の「長期性資産海外比率」（平成29年度）

	期末残高合計	長期性資産海外比率
［製造業］		
エネルギー（4社）	7兆5,625億円	39.9%
自動車関連（27社）	33兆4,317億円	58.5%
エレクトロニクス（22社）	12兆7,419億円	40.4%
鉄鋼・非鉄金属・電線（11社）	4兆 445億円	37.5%
機械（33社）	11兆4,086億円	42.7%
化学・医薬・化粧品（36社）	15兆9,223億円	51.0%
繊維・紙・パルプ（5社）	3兆1,279億円	43.1%
食品（17社）	11兆8,505億円	63.3%
ゴム・窯業その他製造業（19社）	8兆5,414億円	56.1%
合計（合計174社）	108兆6,313億円	51.4%
［非製造業］		
商社（13社）	11兆5,567億円	60.5%
金融（6社）	7兆9,722億円	37.9%
小売業（4社）	4兆9,802億円	21.5%
情報通信（2社）	15兆7,652億円	73.2%

不動産・建設（6社）	6,516億円	25.6%
運輸（5社）	3兆3,367億円	22.5%
その他のサービス業（5社）	2兆4,023億円	65.1%
合計（41社）	46兆6,649億円	53.8%
製造・非製造合計（215社）	155兆2,962億円	52.1%

　ここでは個別企業について、特に高い比率（80%を超える）の各社を列挙する。

国際石油開発帝石	87.1%	
武田薬品工業	84.2%	
電通	83.7%	
サントリー H.	82.9%	（H.はホールディングスの略）
HOYA	82.8%	
三井物産	81.0%	
テルモ	80.9%	

(注)「売上高海外比率」と「長期性資産海外比率」の比較について
　　これまで述べた「売上高海外比率」と「長期性資産海外比率」を比較してみるが、この二つの計数の関連性については、一概に言えない。
　　即ち「海外直接投資」の目的が、主として「商社」、「エネルギー」、「非鉄金属」、「食品」などの各社に見られるように、「輸入原材料の確保」や「海外資源開発」にある場合には、投資の効果は「対日売上高」の増加となる場合が多いので、「売上高海外比率」の向上には寄与しない。
　　また、「現地売上高」、或いは「第三国向け輸出」を期待して行われた「海外直接投資」において、「売上高海外比率」＞「長期性資産海外比率」や、「売上高海外比率」＜「長期性資産海外比率」いずれの場合でも、数字で表すことが出来ない沢山の個別事情があるために、一面的な評価は控えねばならない。
　　従って以下の比較は、単なる参考ということで、ご覧ねがいたい。

	売上高海外比率	長期性資産海外比率
［製造業］		
エネルギー（4社）	21.2%	39.9%
自動車関連（27社）	74.5%	58.5%
エレクトロニクス（22社）	55.4%	40.4%
鉄鋼・非鉄金属・電線（11社）	47.4%	37.5%
機械（33社）	69.5%	42.7%
化学・医薬・化粧品（36社）	51.6%	51.0%
繊維・紙・パルプ（5社）	40.1%	43.1%
食品（17社）	33.3%	63.3%
ゴム・窯業その他製造業（19社）	56.6%	56.1%
合計（174社）	59.0%	51.4%
［非製造業］		
商社（13社）	47.3%	60.5%
金融（6社）	33.0%	37.9%
小売業（4社）	22.8%	21.5%
情報通信（2社）	48.6%	73.2%
不動産・建設（6社）	46.5%	25.6%
運輸（5社）	24.1%	22.5%
その他のサービス業（5社）	44.2%	65.1%
合計（41社）	39.4%	53.8%
製造・非製造合計（215社）	53.4%	52.1%

3.「海外拠点の業績貢献度（所在地別セグメント情報）」

　企業の海外展開に関しては、さらに一歩踏み込んで、既往の「海外直接投資」がどのような成果をあげているか、知りたいところであるが、この点一部[注]の企業では、「有価証券報告書」の中で「所在地別セグ

メント情報」として、グループ業績全体に占める所在地拠点の活動状況を地域別に開示しており、そこから海外拠点の貢献の度合いを窺い知ることができる。

　開示される情報は、売上高、利益、総資産残高、その他の項目（長期性資産の増加、減価償却費、のれん償却額等）など、事業別セグメントの情報と同一で、海外拠点地域ごとの「売上高」と「利益」の計数を得ることが出来ることから連結計数での比較が可能となる。
　なお、海外拠点の「売上高」は、海外拠点で計上された金額の合計であって、その海外拠点から本邦に輸出された金額は、その海外拠点分として計上されている。

　　（売上高での貢献度）
　　海外拠点売上高　合計　　73兆9,167億円
　　連結売上高　合計　　　153兆 325億円
　　売上高での海外比率　　　48.3％

　　（営業利益段階での貢献度）
　　海外拠点営業利益　合計　　4兆6,566億円
　　連結営業利益　合計　　　13兆9,328億円
　　営業利益での海外比率　　　33.4％

　要約すれば、海外拠点の売上高合計は、企業グループ全体の48.3％と、概ね50％に近付いているものの、営業利益段階では全体の33.4％、すなわち全体の約三分の一に留まっているということになる。

　以下、個別企業の事例として、たとえば「本田技研工業」では、「海

外拠点売上高」の「連結売上高」に対する比率が85.4％、同じく「営業利益比率」が89.5％で、海外拠点の業績貢献が高いが、反面、海外事業部分が赤字となっている企業も見られる（日本ハム、サッポロホールディングス、野村ホールディングス、MS&ADインシュアランスグループ）。

　（下記48社の個別企業個別情報については、後段のリストを参照して頂きたい）

　　　［所在地別セグメント情報開示主要企業］
　　「トヨタ自動車」、「本田技研工業」、「日産自動車」、「スズキ」、「トヨタ紡織」、「東海理化電機製作所」、「ティ・エス・テック」、「フタバ産業」、「ケーヒン」、「ユニプレス」、「京セラ」、「日本電産」、「日本ペイントホールディングス」、「関西ペイント」、「大日本住友製薬」、「味の素」、「日清食品ホールディングス」、「キッコーマン」、「東洋水産」、「日本たばこ産業」、「日本ハム」、「マルハニチロ」、「アサヒグループホールディングス」、「キリンホールディングス」、「サッポロホールディングス」、「ヤクルト」、「ヤマハ」、「三菱UFJフィナンシャルグループ」、「三井住友フィナンシャルグループ」、「みずほフィナンシャルグループ」、「野村ホールディングス」、「第一生命」、「東京海上ホールディングス」、「MS&ADインシュアランスグループホールディングス」、「損害保険ジャパン日本興亜」、「オリックス」、「日立キャピタル」、「イオン」、「セブン＆アイ・ホールディングス」、「ファーストリテイリング」、「良品計画」、「ソフトバンク」、「大林組」、「鹿島建設」、「住友林業」、「五洋建設」、「日本通運」、「電通」（別途、「小松製作所」は、「所在地別営業利益」を開示していないので、集計対象外としている）。

4．その他の比率について（「生産海外比率」と「雇用海外比率」）

　これまで見てきた主要企業の経営指標に加えて、「生産海外比率」と「雇用海外比率（従業員の国・地域分布）」を見ていく。

(1)「生産海外比率」
　「生産海外比率」は、製造業の企業にとって海外展開の重要な指標であるが、未だ会計上、比率の計算方法は確立していない。

例えば、経済産業省「海外事業活動基本調査」においては、独自の算式 ^(注) に基づいて、「生産海外比率」を算出しているが、「本社」が傘下に持つ「子会社」や「関連会社」についての取り扱いが不明であることなどから、本書では参考とするにとどめる。

　本書では、異なった観点から、自動車生産について、各社から公表される「台数」ベースで国内外の生産比率を見る。

［自動車生産台数からの把握］
　自動車生産に関しては、各社より台数ベースの数字が発表されるが、車は車種が多く、一台ごとの価格も大きく異なることから、金額的な比較の資料とはならない。

	国内外生産台数 (A)	内、海外生産台数 (B)	海外生産比率 (B/A)
トヨタ自動車	8,885,533	5,746,782	64.7%
日産自動車	5,486,906	4,555,909	83.0%
ホンダ	5,357,013	4,465,765	83.3%
スズキ	3,436,589	2,422,673	70.4%
マツダ	1,596,767	600,503	37.6%
ダイハツ	1,466,968	537,567	36.6%
三菱自動車	1,455,067	778,750	53.5%
SUBARU	1,019,364	359,399	35.2%
合計	28,704,207	19,467,348	67.8%

　　　（2018年の実績：2019年1月各社発表計数から）
　　　（ダイハツ工業はトヨタ自動車の100％子会社）

　　（注）経済産業省「海外事業活動基本調査」における試算
　　　　（算式）海外進出企業ベースの「海外生産比率」＝
　　　　　　　現地法人（製造業）売上高÷［現地法人〈製造業〉売上高＋本社企業〈製造業〉売上高］×100

2016年度　海外製造拠点ある企業の海外生産比率＝38.0％
全製造業を分母とした企業の海外生産比率＝23.8％

⑵「雇用海外比率」

　上場企業の場合、有価証券報告書上で従業員の状況を明らかにしているが、ほとんどの企業では従業員数を事業単位に捉えている。事業の中には国内、海外両方の従業員も含まれているので、そこから海外の状況のみを読み取ることはできない。しかし一部の企業では、海外事業を国内事業から切り離し特定化して管理しており、そのような企業では、海外事業の従業員数を開示している。

　また全社一商品の企業で、事業セグメントを地域別管理としている企業もあって、そのようなケースでは従業員数も海外地域別に開示している。

　このような企業48社の情報を拾い上げると、以下のような数字が得られる。

　48社の全世界従業員数206.6万人（a）のうち、海外従業員数（或いは海外事業従業員）は85.3万人（b）。これは全体の41.3％（b/a）にあたる。

　個別企業の計数については別添（「[附表] 主要各社の動向」P. 184以下）を参照ねがいたいが、中には海外従業員の比率が80％を超える企業も見られる（「ティ・エス・テック」87.2％、「日本ペイント」85.1％、「アシックス」80.6％など）。

[従業員地域別情報開示主要企業51社]
「豊田通商（アフリカ事業）」、「日産自動車」、「マツダ」、「デンソー」、「トヨタ紡織」、「小糸製作所」、「東海理化電機製作所」、「ティ・エス・テック」、「フタバ産業」、「ケーヒン」、「ユニプレス」、「日本電産（タイ・シンガポール・香港・

ドイツ）」、「NTN」、「日本ペイント」、「関西ペイント」、「大日本住友製薬（医薬品）」、「資生堂」、「レンゴー」、「味の素（海外食品）」、「日清食品ホールディングス（米州・中国）」、「東洋水産（海外即席麺）」、「日本たばこ産業（海外たばこ）」、「日本ハム（海外事業）」、「マルハニチロ」、「アサヒグループホールディングス（国際セグメント）」、「キリンホールディングス」、「サッポロホールディングス（国際事業）」、「ヤクルト」、「TOTO」、「アシックス」、「三菱 UFJ フィナンシャルグループ（国際事業本部）」、「三井住友フィナンシャルグループ（国際事業本部）」、「みずほフィナンシャルグループ（グローバルコーポレート、グローバルマーケッツ）」、「第一生命（海外保険事業）」、「東京海上ホールディングス（海外保険事業）」、「MS&AD インシュアランスグループホールディングス（海外事業）」、「損害保険ジャパン日本興亜（海外保険）」、「オリックス（海外事業）」、「日立キャピタル」、「イオン（国際事業）」、「セブン＆アイ・ホールディングス（海外コンビニ）」、「ファーストリテイリング（海外ユニクロ）」、「良品計画（海外事業）」、「ソフトバンク（スプリント・アーム）」、「積水ハウス（国際事業）」、「大林組（海外建築・海外土木）」、「鹿島建設（海外関連子会社）」、「住友林業（海外事業）」、「五洋建設（海外建設）」、「日本通運（海外ロジスティックス）」、「電通（海外事業）」

5. 国際連合貿易開発会議（UNCTAD）の考え方
—— Transnational Corporation（TNC）という概念

　国際連合貿易開発会議（UNCTAD）の調査によれば、世界の82,000社が、本社所在国外に現地子会社を保有し、それらの海外子会社数が810,000社、そこでの雇用者は7,700万人に上る。

　そのような、自国以外に拠点を設けてグローバルに事業展開をする企業を、国連は多国籍企業（Transnational Corporation）と定義づけている。

　それらの多国籍企業の国際経済活動を、それら企業の、「総資産」・「総売上高」・「総雇用」の三つの観点から、全体に占める自国以外分の比率を算出し（海外資産比率、海外売上比率、海外雇用比率の平均）、さらにそれらを複合して、TNI 指標（Transnational Index）と名づけているが、これら比率の高い企業上位10社について以下の通り列挙する。

TNC 海外資産規模上位10社中の TNI 指標ランキング　2017年（除　金融業）

	TNI 指標	資産比率	売上比率	雇用比率
1. Royal Dutch Shell plc	**74.3%**	85.0%	65.0%	72.8%
（英国＝石油	海外資産	3,497億ドル)		
2. Toyota Motor Corp	**60.2%**	69.7%	68.1%	42.7%
（日本＝自動車	海外資産	3,036億ドル)		
3. BP plc	**74.9%**	89.3%	76.9%	58.5%
（英国＝石油	海外資産	2,351億ドル)		
4. Total SA	**80.9%**	95.8%	77.9%	69.0%
（フランス＝石油	海外資産	2,332億ドル)		
5. Anheuser-Busch InBev NV	**82.1%**	80.5%	86.8%	79.0%
（ベルギー＝ビール	海外資産	2,080億ドル)		
6. Volkswagen Group	**60.3%**	45.7%	79.9%	55.3%
（ドイツ＝自動車	海外資産	1,972億ドル)		
7. Chevron Corp	**57.9%**	72.7%	49.0%	52.0%
（米国＝石油	海外資産	1,891億ドル)		
8. General Electric Co.	**56.8%**	48.9%	56.9%	64.7%
（米国＝電機	海外資産	1,785億ドル)		
9. Exxon Mobil Corp	**52.1%**	50.2%	55.8%	50.2%
（米国＝石油	海外資産	1,659億ドル)		
10. Softbank Corp	**62.5%**	66.1%	55.2%	66.1%
（日本＝テレコム	海外資産	1,456億ドル)		

　これらの比較において、「海外資産比率」は、投資相手国に対する資本投入および国際貿易面での貢献、「売上高海外比率」は国際貿易拡大の原動力として評価され、また「海外雇用比率」については、投資先国における雇用面での貢献として評価される。

　この統計における個別企業ごとの計数について、国連（UNCTAD）では、世界的起業情報提供会社「Dun & Bradstreet 社」の資料などを基に作成しているとしている。

［補足］「有価証券報告書」データについて

「有価証券報告書」は、法律（金融商品取引法）に則り、わが国の会計制度に基づいて作成され、公認会計士の監査を受けた後に政府と証券取引所に提出されるので、最も信頼のおける情報源であるばかりか、各社情報が同じ水準で得られるという利点がある。

但し、会計基準に則って行われる企業の決算も、現在わが国では「日本基準」、「国際基準」、「米国基準」の３通りのいずれの基準でも行うことが認められている。また個々の会計処理や開示内容についても、個別企業の事情に合わせた独自処理が認められる部分があるなど、必ずしも他社の計数と同一レベルで正確に比較できない面もある。

なお、証券取引所に上場していない「非上場」の会社は、ほとんどの場合、重要情報が開示されないので、突っ込んだ分析が不可能となる（一部の非上場企業は、「有価証券報告書」を作成し、開示している）。

1）「有価証券報告書」からの情報で、海外事業運営に関わる部分は次のレベルである。
　　a．事業のグローバルな流れと、そこでの主要の海外子会社の位置づけ
　　　　［事業の内容］欄では、「主な関係会社及び事業系統」が、海外展開部分を含むフローチャートで図示されている。
　　b．主たる海外子会社（連結対象先、持分法）のリスト
　　　　［関係会社の状況］欄で、国内外の「連結子会社」と「持分法適用会社」が、事業部門ごとに列挙されている。社数についても合計社数が記載されているが、残念なことに国内外の区分は為されていない。

2）セグメント情報
「セグメント情報」とは、自社の複数からなる事業部（製品別あるい

は営業地域別）を単位とする財務計数（売上高、利益、資産の状況など、関連子会社を含む）を、連結決算ベースで、経営判断に資するようにまとめて簡記している部分である。

「セグメント情報」の項目の中で、海外活動に関する部分。

［経理の状況］欄で、財務諸表の注意事項の一部として設欄されている「セグメント情報」は、本書にとって最も重要な項目で、ここから得られるデータが本項の中心となる。

　この部分の「関連情報」として、世界地域ごとの「売上高」、「長期性資産残高」が開示されている。但し、そこで行われている「地域区分」は、企業の社内管理上の便宜に資するように任意の分類が行われていること、また、本邦部分の計数が90％を超えている場合（即ち、海外部分が10％以下の場合）には記載が省略されている、といった簡略化が許されていて、統計上の制約となっている。

３）セグメント情報の「地域区分」における、各社分類の違い

　これまで見てきた「海外比率」は、全体における日本以外、即ち、海外全体の比率を捉えてきたが、実際の「有価証券報告書」セグメント情報においては、海外部分についてさらに地域別、あるいは主要な国・地域ごとの比率についても内訳を開示している。

　海外部分の計数については、それぞれの企業にとっての重要度に応じて「米州」「欧州」「アジア」「その他」などに分けて表示されるケースが多いが、その分類方法は固定的ではなく、各企業の状況が最も判りやすいように自由に分類することが出来る。

　本書としても、各社の「国・地域」ごとの比較にまで踏み込みたいところであるが、「地域区分」は、それぞれの企業の業務推進・管理上の観点から定めて良しとされていて、各社ごとに異なるやり方となっているので比較が出来ない。

　例えば、A社が「米州」を単位とする時にも、B社は「米国」のみを取り上げて、「カナダ」は「その他」に入れているといった相違が多々存在する（「メキシコ」を「北米」に入れるか、「中南米」に含め

るか、といった点も企業によって異なっている）。

そのような状況を、以下の具体的事例、各業界のトップ企業３社に
よってご紹介する。

「三菱商事」

収益		非流動資産	
日本	60.4%	日本	54.2%
オーストラリア	11.3%	オーストラリア	25.2%
アメリカ	11.0%	その他	20.6%
その他	17.3%		

「トヨタ自動車」

売上高		長期性資産	
日本	24.7%	日本	34.2%
北米	35.4%	北米	50.4%
欧州	9.3%	欧州	3.5%
アジア	16.3%	アジア	7.8%
その他	14.3%	その他	4.1%

「ソニー」

売上高及び営業収入		有形固定資産	
日本	30.7%	日本	76.2%
米国	21.5%	米国	13.2%
欧州	21.6%	欧州	3.2%
中国	7.9%	中国	1.5%
アジア・太平洋地域	12.0%	アジア・太平洋地域	5.0%
その他地域	6.3%	その他地域	0.9%

Ⅲ. ダイナミックな企業買収（M&A）
― 巨大な「クロスボーダーM&A」の世界 ―

　M&A とは、既存企業の株式を購入・譲り受けることによって、その企業の全部、または一部の支配権を手に入れることを言う。このようなM&A は、古くから行われていたが、国境を越えた動きが盛んになったのは、第二次世界大戦後の、1960年代から70年代初めにかけて、米国企業が異業種へ進出し、「コングロマリット化（多角化）」が進展した頃からである。

　1980年代以降、案件が大型化するに従って対象が業種的にも広がって、買収資金の調達についても「LBO（買収対象企業の資産を担保にした借入金による買収）」などの新しい金融方式が台頭し、M&A をいっそう取り組み易いものとしてきた。

　1990年代後半に入って世界的な IT ブームがおこり、新技術をベースとした事業領域の拡大を期待した M&A 取引が急速に拡大して、2000年にはその年の全世界における売買金額は 1 兆ドルを超えた。しかしその反動も大きく、2002年には再び4,000億ドルのレベルまで取引は縮小した。

　2005年ごろからは、原油など資源価格高騰に伴って、資源関連企業の売買や、資金豊かな産油国の政府ファンドや発展途上国の大手企業などによる先進国企業の買収などが目立つようになり、2008年には再び売買金額が 1 兆ドルレベルを突破した。

　2008年 9 月に発生した世界的金融不況（リーマンショック）の際には、M&A の規模は、件数・金額ともに大きく落ち込み、そのショックは数年続いたものの、その後はまた回復軌道にある。

　この国境を越えた「企業買収（M&A）」（「クロスボーダー M&A」とも呼ぶ）は、「海外直接投資」の一つの形態であるが、金額の側面から見ると、その比重が大きいことが下の表から分かる。[注]

「クロスボーダー M&A」の「海外直接投資」に占める比率

	[世界]	[わが国]
	取引金額（「海外直接投資」に占める比率）	取引金額（「海外直接投資」に占める比率）
2011	5,534億ドル（35.1%）	622億ドル（57.8%）
2012	3,282億ドル（23.9%）	377億ドル（30.7%）
2013	2,625億ドル（19.0%）	582億ドル（42.7%）
2014	4,281億ドル（33.9%）	458億ドル（35.0%）
2015	7,351億ドル（45.3%）	506億ドル（37.7%）
2016	8,869億ドル（60.2%）	733億ドル（50.4%）
2017	6,939億ドル（48.5%）	654億ドル（40.7%）
単純平均	5,554億ドル（37.9%）	561億ドル（42.1%）

（出所：UNCTAD ＝国連貿易開発会議による WORLD INVESTMENT REPORT 2017）

（注）M&A の統計について

「クロスボーダー M&A」は、「海外直接投資」の一部であるが、いくつかの統計上留意すべき点がある。

1）国際収支統計上、「海外長期投資」＝「海外直接投資」＋「海外ポートフォリオ投資」の関係で表され、さらに「海外直接投資」＝「海外新規および追加投資（グリーンフィールド投資）」＋「クロスボーダー M&A」である。

「海外直接投資」では株式10%以上の取得のみが統計に計上され、計上されない10%未満の取引は「海外ポートフォリオ投資」に計上される。しかし、「クロスボーダー M&A」では、買収した企業の株式取得比率が10%未満でも、統計資料では計上対象となる。

なお、「海外ポートフォリオ投資」に計上される株式取得金額について、一部の投資家（例えば「プライベート・エクイティ・ファンド」と呼ばれる類いの投資家）が、買収企業に専門家を派遣して経営に直接関与する場合もある。この場合には、「ポートフォリオ投資」というよりも実態は「直接投資」に近いとも言える。

2）「海外直接投資」の計数は通常各国の国際収支統計を基に算出されるが、「クロスボーダー M&A」では、取引に関係した買収側企業みずからによって公表された情報が基本となり（時には公表されない）、取引を仲介する証券会

社、民間コンサルティング企業、あるいは調査機関などが個別の取引情報を収集して合計される。

3）「クロスボーダー M&A」は買収企業と被買収企業の国が異なるものを計上するが、実際には買収企業が一旦被買収企業の国に子会社を設立して、これを通じて現地取引として買収するようなケースが多い（買収企業が買収資金を被買収企業の国で資金調達を行った場合には、国際収支ベースの「海外直接投資統計」には計上されない）。

本章では、「海外直接投資」における「企業買収（M&A）」の世界に関して、以下の諸点について述べていく。

- 「企業買収（M&A）」の意義
- 「企業買収（M&A）」の形態
- M&A の目的（買い手側の目的）
- 「企業買収（M&A）」の手順
- わが国企業の「海外企業買収（M&A）」― わが国企業による大型買収事例 ―

1.「企業買収（M&A）」の意義

「企業買収（M&A）」は、単に既存の企業を売買するだけの、いわば資金移動に過ぎないとも言えるが、その積極的な意義はどこにあるのか。

これまで、「海外直接投資」とは、現地に資金を投資し、長期間にわたってみずから事業経営に参画する意味である、と述べてきた。しかし「企業買収（M&A）」は、対象企業を買収することによって、これまでの株主に代わって事業経営を引き継ぐだけで（買収資金が旧株主に渡るだけで）、新たな現物投資や、雇用創出につながることはない。

そのような理解の下で、なお「企業買収（M&A）」は、次のような積極的な意義を持つと解釈できる。

- 企業再編成の担い手として

- ベンチャー企業の発展の担い手として
- 経営再建の担い手として

(1) 企業再編成の担い手として

　マクロ的な観点から言えば、「企業買収（M&A）」は企業再編成の担い手として、即ち被買収企業の活性化への機能が認められる。

「企業買収（M&A）」の際には、対象となる企業の所有権（株式）の売買が行われた際の資金が、そのまま直ちに売却側（受取側）の国において新たな直接投資につながるものではないが、買収された企業は、そこから新たなインパクトを受ける。そこにさらなる発展を期待して新たな資金が投入される場合もあるが、他方、不採算事業部門を切り離すリストラ要請など、事業再編を迫られる場合も多く、雇用面でも、被雇用者についての試練が伴う場合もある。苛酷な資本の論理だとも考えられるが、必ずしもそうばかりではない。リストラによって企業経営が安定し、残った従業員の雇用が確保される。解雇される従業員には退職金が支払われ、より安定的な仕事へ移動する機会が与えられる。

　売り手にとっては、手を焼いていた不採算部門の切り離しを一挙に出来るだけでなく、含み利益をキャピタルゲインとして実現するチャンスにもなる。

(2) ベンチャー企業の発展の担い手として

　ベンチャー企業に至っては、みずからの経営基盤が確立する以前の状況下において、「企業買収（M&A）」は必要な成長資金供給の担い手としても重要である。

　ベンチャー企業主は、みずから生み出した事業を売却することにより、キャピタルゲインを獲得したうえで、事業のさらなる発展を買収者に託すことになる。一方、買収者は開発リスク・時間をかけることなく発展可能な事業を手にすることとなるのである。

⑶ 経営再建の担い手として

　世界の「企業買収（M&A）」マーケットで主役を演じる巨大な多国籍企業は、日頃から、最も効率的な生産・流通・販売・研究開発の体制構築を目指して、自社グループ企業の再編成、すなわち内部リストラクチャリングを繰り返している。これによって組織に対する過去のしがらみ、国境などの制約などにとらわれないスピードある動きが、企業の発展を加速させ、マクロ的にも経済にエネルギーを与えていると言える。

　同様なことは、行き詰まり、売却対象となった企業にも当てはまる。すなわち、買収者は、そのような企業に価値を見出して倒産から救い、その関係者の利益を保護するとともに、買収後の経営改善によって事業拡大をはかるわけである。

2.「企業買収（M&A）」の形態

　M&A にはいろいろな形態があるが、形態別に次のように分類することができる。

- 合併・吸収・資本参加
- 株式交換
- 資産買収・部門買収
- 倒産に伴う会社整理
- 権益の取得・売却

⑴ 合併・吸収・資本参加

　当事者同士の了解の下で、対象企業の株式を譲渡することによって、合併・吸収・資本参加を実現する。

　相手企業の株式を購入して、その企業を傘下におさめるわけであるが、対象企業の一部株式を取得するようなケースでは、「資本参加」とも呼ぶ。

　相手企業の既存株式を購入する方法だけでなく、その企業が第三者割

り当て増資を行い、その増資新株を取得する場合もある。

　多くの場合は、仲介者として証券会社・投資銀行などが手腕を発揮する。

(2) 株式交換

　相手企業の株式取得の対価として、現金を支払うのではなく、自社の株式を渡す、即ち、株式交換によって「企業買収（M&A）」を成立させる。

　対価となる株式は、上場株でも、非上場株でもよく、外国株式でも認められるが、米国では、株式交換によるほうが現金による売買を上回る。

　株式交換の場合、交換される株式は同じ証券市場において上場していることが条件となる。米国証券取引所の場合、米国以外の多国籍企業も上場しているケースが多く、その場合には手続きに障害はない。また、わが国東京証券取引所では外国企業の子会社を上場させ、そこを通じてわが国企業の株式を交換する、といったクロスボーダーの三角 M&A も可能となっている。

(3) 資産買収・部門買収

　会社の一部資産、または一部部門の事業を譲渡・買収する方法である。

　この場合、売り買い両方の当事者のニーズがはっきりしているので、お互いの納得が得られ易い（会社資産の一部売却は、重要な資産の場合は、株主総会の議決を必要とする）。

　なお、会社の事業の一部、すなわち、関係する固定資産・流動資産だけでなく、商号を含むのれんなど、有形・無形資産を、従業員の引き取りまで含めて譲渡する事業譲渡を、営業譲渡（Transfer of Business）という。

⑷ 倒産に伴う会社整理

　倒産による会社整理には「公的整理」と「私的整理」があり、「公的整理」の場合は、整理機関の主導によって会社整理が行われる。
「私的整理」の場合は、関係法令に従って、司法当局の指導のもと、管財人によって行われる。また当事者同士の和解のもとで、内々に整理が行われることもある。

⑸ 権益の取得・売却

　石油・天然ガス・鉱山などの、鉱区における採掘権利の売却・取得も「企業買収（M&A）」の範疇に含まれる。

3．M&Aの目的（買い手側の目的）

「企業買収（M&A）」で、買い手は既にある組織を入手することにより、迅速に経営資源を獲得し、事業拡大や多角化などの目標を達成できる。
　さらにそこから、自社と買収した会社との相乗効果（シナジー効果）を発揮していくことが、最も望まれる在りかたとなる。

- 新たな市場への一挙参入
- 閉鎖的な市場への参入
- ブランドの獲得
- 新規事業・異業種への参入
- 研究開発期間の短縮
- 開発利権の獲得
- 有名不動産の取得
- 売却する目的をもって買収する

⑴ 新たな市場への一挙参入

1）市場における地位向上

「企業買収（M&A）」の結果、業界でのシェアや地位が高まることによって、取引先との関係も立場が強化される。

自社独力であれば時間がかかる長期的計画も、買収合併によって一挙に達成可能となる。

さらに、本部経費の削減が可能となるほか、広告宣伝費なども節約できるなど、規模の経済効果も期待できる。

2）流通組織の獲得が可能

自社製品が、新たに買収した企業のマーケットに拡がることによって、流通組織が効率的に拡大することとなる。

3）生産規模の最適拡大

既存の自社設備と合わせて最適生産規模を実現することができる。また買収合併によって、生産規模が拡大できるだけでなく、立地に応じた生産の分担も可能となる。

⑵ 閉鎖的な市場への参入

途上国の場合、外国資本受け入れ政策の初期段階において、概ね自国の市場開放に慎重で、開放する際にも、「海外企業の参入数制限」、「自国企業との合弁」、「出資比率の上限設定」などの条件を課してくることが多い。

かつてインドは外国資本の国内投資に関して、きわめて閉鎖的な方針を続けてきたが、わが国の「スズキ」は、インド最大の乗用車メーカー「マルチ・ウドヨグ社」が経営不振に陥った際に支援の手を差しのべて、近代的な乗用車製造工場建設に協力することによって市場参入のきっかけを掴むことに成功している。

⑶ ブランドの獲得

　有名ブランドを保有する企業を買収することによって、一挙にそのブランドを自社のものとできる。

⑷ 新規事業・異業種への参入

　かねてよりわが国企業の多くは成長の過程において、欧米先進企業から新規事業のアイディアや、ノウハウを獲得して自らの成長の種としてきたが、その過程で「企業買収（M&A）」の手段も選択されてきた。「ソニー」による米国メディア産業（音楽・映画）への参入や、「イトーヨーカドー」による米国「サウスランド社」への出資(注)などが代表的事例として挙げられるが、特に後者は、日本のコンビニエンス事業の誕生と、近年の業界規模7兆円を超える巨大な業態発展のさきがけとなった事例として評価される。

　　(注) 1991年、イトーヨーカドーによる米国「SOUTHLAND 社（Seven-Eleven）」
　　　　の買収（買収金額　623億円）。

⑸ 研究開発期間の短縮

　通常、企業にとって研究開発体制の確立のためには長い年月を要するが、優秀な研究機関を保有する企業を買収することによって、そのための「時間を稼ぐ」ことができる。

　海外企業を「企業買収（M&A）」した際には、付随する研究開発部門の獲得・活用は重要なポイントであり、買収先企業の持つ新技術、研究施設、さらには人材の活用などは、買収後の重要な作業となる。

　新たな技術や事業ノウハウ獲得のために海外企業に資本参加するケースについては、枚挙にいとまがないが、近年、米国では、成功した巨大IT企業が、次の事業への手がかりを求めて新たなベンチャー企業へのM&Aを積極的に行っており、医薬品業界における新薬開発ベンチャー企業の買収や、インターネット技術を応用した自動化技術開発、さらに近年では、自動車の自動運転技術などのベンチャー企業への投資などが

目を惹く事例として挙げられる。

⑹ 開発利権の獲得
1）天然鉱物資源の開発
　石油、天然ガス、石炭、ウランなどのエネルギー資源や、鉄鉱石、銅・亜鉛その他の金属類、リチウム電池製造に欠かせないリチウムといったレアメタルなどの天然鉱物資源は産出場所が限られている。それらは現地政府、世界的規模の巨大鉱山会社などによって鉱区や開発権利が抑えられており、容易に獲得することが出来ない。
　この分野では、すでに利権を所有している企業を買収することによって、利権獲得までの期間とリスクを回避することが出来る。

2）公共インフラの建設・運営権獲得
　各国政府や自治体が保有運営する、地域の電力（発電・供給）、ガス、水道や、交通関係事業（鉄道、空港、港湾）などの公共インフラ事業は、地域独占的な事業運営が期待出来るので、安定した投資先と見なされている。

⑺ 有名不動産の取得
　ほかに代替のできない有名不動産の取得は、買収による以外ない。
　かつて1990年代に起きたわが国のバブルの時代に、わが国企業が競って海外の有名不動産を購入したが、それらの殆どはバブル崩壊と共に売却されていった。
　（後段 P. 263「バブル期の思い出」に当時の主な事例を載せた）

⑻ 売却する目的をもって買収する
　買収した企業に高度な専門家を送り込んで企業の価値を高めてから売却して、売却益を得ることを目的とする「企業買収（M&A）」は、「企業再生ファンド」や「マネジメント・バイアウト」などと呼ばれ、「ポートフォリオ投資」との区別が難しい投資形態である。

　グリーンメーラー（取得した一部の株式を基にして大株主に難題を突き付けることにより高値で買い取りを迫る行為、あるいはその行為を行う株主）による株式取得も売却目的の買収の一種と言える。

4.「企業買収（M&A）」の手順

「海外直接投資」には、自前で第一段階からスタートする「グリーンフィールド投資」と、既存の企業を買収する「企業買収（M&A）」の二つがあることはこれまで述べてきた通りであるが、「グリーンフィールド投資」が十分な調査を基にマイペース感覚で推進できるのに対して、「企業買収（M&A）」では多くの場合、短期間に相手企業の調査を行い、買収条件を策定し、相手企業とのタフな交渉に臨むこととなる。これを成功させるためには、外部専門家を交えた専門組織をあらかじめ構築して対応することが不可欠である。

- 買収の前段階
- 買収のプロセス
- 買収後にやるべきこと
- 買収成果の事後評価について

(1) 買収の前段階
I）買収戦略の選択

　日頃の企業戦略のなかで、「企業買収（M&A）」を事業拡大という目的達成の選択肢の一つとしておくことは大切であるが、その際「企業買収（M&A）」は、「手許の安定した流動資産（或いは、借入金）を不確実な資産に一挙に置き換える」という側面を持っていることを忘れてはいけない。

　その為には、以下の観点が欠かせない。

　イ）買収対象として望ましい企業を事前に視野にいれておくこと。

自社にとって最適な組み合わせとなる対象企業を、時間をかけて選択しておくことが、チャンスが来たときに正しい判断をするために肝要な点である。

　一部の企業では、長い時間をかけて望ましい企業を対象として選択し、研究した後に、タイミングをはかることによって「企業買収（M&A）」を成功させている、と言われている。

　多くの場合、買収情報は、投資銀行、証券会社、M&A仲介会社などの日頃付き合いのあるアドバイザー企業からもたらされることが多いが、あらかじめターゲットが絞られていれば、反対に自社の側からこれらの専門家に仲介を依頼することも出来る。いかなる投資であっても投資対象に対する相場観を養っておくことが肝要である。

ロ）人材を養成しておくこと。

　複雑な買収交渉を投資銀行や証券会社の専門家と共に集中的に「買収チーム」を組んで推進する人材、さらには買収企業を自社の体制下に組み込んだ後に経営する人材などを養成、確保し体制を整えておくことが望ましい。

　この種の取引では経験も重要な要素であることを考慮すると、大型案件に取り組む前段階として、小さな案件を手がけて、経験を積んでおくことが有効とも考えられる。

2）「企業買収（M&A）チーム発動」

　あらかじめ結成した社内の「企業買収（M&A）チーム」は、担当役員が直接現場の指揮にあたり、関連する事業部、法務部、経理部、財務部などの専門部員から構成される。

　さらに社外からのアドバイザーとして、M&A経験に富んだ国際弁護士、公認会計士などの参加も不可欠である。

　買収対象企業が上場企業のような大型案件で、特に海外証券市場の上場企業である場合には、資金調達や税務の専門家、すなわち銀行、

証券会社、大型税理士事務所の人材が必要となる。これらの外部専門家の協力を得る場合、具体的案件に取り組むたびに、個別の契約書「エンゲイジメントレター」を取り交わしてスタートする。

⑵ 買収のプロセス

買収は、相手企業が通常の相対先である場合のほか、上場企業の株式を公開買い付けする場合や、倒産企業の裁判所による入札の場合など、いろいろなケースがあるが、ここでは一般的な相対交渉による買収の場合を述べる。

なお、証券取引所上場企業を買収する際に、一定条件を超える買収の場合には、「株式公開買い付け TOB（Take Over Bid）」によることが求められる。(注)

(注) 「株式公開買い付け TOB（Take Over Bid）」
　　公告によって、不特定多数の株主に株式売却を呼びかけ、株式の買い付けを証券取引所の外で行う（公開されるべき期間、株数、取引単価などの条件、手続きは、証券市場によって異なる）。
　　買収相手企業の取締役会の同意を得て行う「友好的買い付け」と、同意を得られずに行う「敵対的買い付け」がある。

1）売却動機を探る

売却対象となる企業の場合、その企業の株主にとって売却せねばならない事情がある筈である。

イ）株主にとってその企業が重要ではない、あるいは重荷となっている場合。
　　もしくは、株主が資金調達の必要に迫られて売却する場合などが考えられる。
ロ）買収希望のライバルがいる場合には、交渉の過程で買収価格が上昇して、当初の予算を超える場合も生じる。

ハ）多くの場合、対象企業には隠れた欠陥がある。

売却側は当然のことながら、欠陥を表に出すことに消極的と考えられるが、買収側にとっては、購入した時点から種々の問題解決が始まるので、事前に背後の動機を調査することに手を抜いてはいけない。

２）買収候補先企業の分析

買収相手企業を選択するにあたっては、まず相手企業の財務諸表やその他の企業に関する公開・非公開情報を分析する。そこで相手企業の価値を算定して、買収候補先に選定することとなるが、その際、価値の算定をいかなる方式によるか、また、相手先企業に関する資料が妥当なものであるか、など公認会計士などの専門家を交えて分析することが必要である。

イ）買収対象企業の正味現在価値（NPV ＝ Net Present Value）の算定

対象企業の事業計画の入手とその事業計画の客観的妥当性の確認をするに際しては、その事業計画の計画期間（年数）と、そこで前提とされる利益率（税引き後）を基にして、その間に得られる利益を年ごとに算出して現在価値に割り引いた後に、合計したもの（投資によって将来得られる利益の合計）と、投資金額を比較して算出する（プラスであれば、投資金額がその期間に回収可能という計算）。[注]

ここで、計画期間や、利益率（税引き後）をどの程度に設定するかという点は、事業ごとに異なるだけでなく、自社の内部ルール、或いは、売り手企業との価格交渉によっても異なってくる。

(注) 割引率には長期の市場金利を適用する場合が多い。

$$\mathrm{NPV} = \frac{A1}{1+r} + \cdots + \frac{An}{(1+r)n}$$

A：その年の"営業キャッシュフロー（課税前・減価償却控除前の経常利益）"

　この際には、外国為替要因（相手国通貨と円貨の交換比率の変動）は考慮しないが、発展途上国の通貨は、長期間のトレンドの間に価値が低下する可能性が高いので、別途に考慮するべきである。

r：適用する資本調達利率

　資本調達利率は、投資資金の調達通貨の長期金利とするのが一般的であるが、それとは別に自社で定められ、社内共通に適用する金利を用いる方法もある。金利を高く設定すれば買収価値は低く、反対に低く設定すれば買収価値は高く算定される。

n：対象とする期間（年数）

　期間を何年と設定するかは、その事業（企業）の性格や、置かれた状況にもよる。投資側の買い手にとってみれば、適用する利益率を出来るだけ保守的に（高く）計算する方が、その企業の買収価値を低く出来ることになり、交渉の対象となる。

ロ）バランスシート外の含み損益の算定、簿外債務有無、訴訟状況の確認

　売掛債権、土地、建物および機械設備などに含み益、含み損などが予測される場合には修正する。また、簿外債務の有無、訴訟状況についても確認をする。

　以上に加えて、対象企業の固定資産の中の土地、建物・設備などについて、将来の処分価値を考慮するか否かも計算上の争点となる。

　これらは、対象企業の関連企業を含めて確認することが肝要となる。

3）買収条件の立案

　買収条件は、上記により算出した企業価値を目安として、その時の経済環境、業界情勢、取引の緊急度、代金支払い方法、現行役職員の処遇などの諸条件を、アドバイザーを交えて検討の上で決定し、社内の承認を得る。

　最も大切なのが買収価格であるが、算出にあたっては、前述の算式に基づく理論値に、「のれん代」を加味したプレミアムも想定しておく。

「のれん代」計算のルールはない。「企業名の知名度」・「その業界に参入するにあたっての困難度」などについての売り手、買い手、お互いの認識が決め手となる。

　通常は、20％ないし30％のプレミアムが付加されることが多いと言われているが、時として巨額なプレミアムが支払われることもある。

4）交渉と買収対象企業の精査（デューディリジェンス）

　相手方（売り方）との買収条件交渉は、国際弁護士などのアドバイザーを前面に立てて行う（相手方にもアドバイザーがついている）。

　まず売却相手と「秘密保持契約」を結び、非公開の財務諸表諸項目や設備の状況、主要顧客名簿、不動産、主要特許、進行中の主な訴訟などの重要企業情報の提供を求めて、企業価値の内容確認「精査（デューディリジェンス）」を行う。買収側が提示する買収価格の決定もこの段階を経て行われる。

　この短期間の調査で、対象企業の実態をいかに効率的に押さえられるかが重要である。

　なお、企業買収を対象とする保険がある。対象企業の財務状況調査・精査（デューディリジェンス）を行っても、後日、隠れた瑕疵が明るみに出て損害を受ける際に補償してくれる保険商品がある。大手損害保険会社は個別対応で付保に応じるので、調査・精査期間が短く、結果に確信が持てなくなると予想される場合などには、検討の価値がある。

5）買収資金計画

　買収は通常、現地子会社による「買収対象会社の株式買収」或いは「買収対象会社との合併統合」という形式をとり、現地に子会社がない場合にはあらかじめ設立して準備する。

　資金調達方法としては、「自己資金」、「債券発行」、「銀行借入金」、「株式交換」などいろいろな手法があるが、主幹事証券会社、取引金

融機関との充分な事前打ち合わせによって、買収資金の調達、買収成立後の返済計画などを詳細に立案しておく。

　銀行借入金については、LBO（＝ Leveraged Buyout）[注] のように「企業買収（M&A）」に特有な資金調達方法が用いられることもある。

（注）LBO（Leveraged Buyout）

　　　企業買収の資金調達にあたって、買収先の資産などを担保に資金を借り入れて、その資金でその企業を買収することをいう。通常、買収した後、買収企業の事業を分割し、一部売却することによって借り入れ資金を返済する。

　　　この方法は手許資金の不足を補って資金調達が可能となるメリットがあるが、反面、株式買収を進めたものの企業買収に失敗し、結果として自社の株価下落となるような場合は、それまでの借入金が残るといったリスクがある。

6）交渉、合意、買収締結

　▪以上の段階を経て、更に交渉を行い、最終合意に達する。

　▪最終条件をまとめて、社内の承認を得る。

　以上の過程を経て、買収契約を締結することとなる。

⑶ 買収後にやるべきこと

　買収完了時、企業にとってまずやるべきことは、買収した企業の新たなオーナーとして、買収された企業内の動揺を鎮め、経営を軌道に乗せることにある。

　その為には、新たな経営方針を、従業員、取引先など関係者に周知徹底、理解を得て皆の不安を取り除かねばならない。

　肝心なのは、いかにしてその企業を自社グループに取り込んでいくかにある。しかし目標達成をあせるあまり、その企業の良い点を失っては買収の意味がない。自社グループ内における役割をしっかりと確かめた上で相乗効果を発揮するべく誘導していくべきである。

1）新体制のスタート

　買収に関して、被買収企業の側から見れば、新しくオーナーとなった日本企業のやり方を計りかねて不安な状態に在り、士気は停滞して業務面の効率も低水準となっている恐れがある。

　その間、その企業価値の中心となる部門や、技術者、営業担当者に対するライバル企業からの引き抜きの動きには警戒せねばならない。

　そのため、まずは従来の組織のままで運営を継続することが無難とされる。人事面でも、経営幹部の温存をはかり、技術者へのインセンティブ提供などが必要となる場合もある。

2）買収企業の価値の再点検

　買収が成立した後、時価を基礎とした合理的な算定により、買収企業の価値、すなわち「取得原価」を算定する。隠れた負の資産が無いかどうかを改めて探索することも欠かせない。

［高すぎると思われる買収価格の場合］

　企業買収の常として、相手企業との交渉や、買収過程でのライバルに対抗する必要から、買い手側企業は予定を上回る対価を支払わざるを得なくなる事態が生じる。その結果として支払った金額が、「有形固定資産」や「確定した権利である無形資産（特許権、商標権、借地権など）」を上回った場合は、その分を「のれん」として、これも「無形資産」に計上される。

「のれん」は、企業名、ブランド、技術力など、市場で永年確立した信用とそれに支えられる「企業の存在力」を意味する。

　しかし企業買収の交渉過程で発生し、充分な検証を経ずに支払われたプレミアム金額が「企業の存在力」を上回って、事業運営上あきらかに過大であると見なされる場合には、減損処理が求められる。[注]

　ちなみに、大型海外企業買収（M&A）を活発に行う主要企業３社の「のれん」残高規模を列挙する。

	ソフトバンク （2017年3月期）	サントリー H. （2017年12月期）	日本たばこ産業（JT） （2017年12月期）
売上高（売上収益）	8兆9,010億円	2兆4,202億円	2兆1,396億円
非流動資産	7兆1,447億円	3兆3,048億円	3兆5,137億円
内、「のれん」	1兆2,012億円	8,821億円	1兆8,912億円

（注）「のれん」に関し、かつてわが国の会計では償却が基本で、一括償却が認め
　　られていたが、2006年以降は、その効果の及ぶ期間に応じて最長20年間の
　　間に償却することとなった。
　　一方、米国会計基準や、国際会計基準では「のれん」の償却は全く行わな
　　いのが原則で、わが国でも2010年度から海外の会計基準採用が可能とな
　　り、これを機に国際会計基準を採用した企業では、新規に買収した企業の
　　「のれん」に関する経常的な償却を行っていない。
　　なお「のれん」の効果が失われたとき、あるいは買収の際に、買収された
　　企業の時価を大幅に超過して支払われた金額は「のれん」として認められ
　　ず、減損処理されることになる。

3）収益体制の確立

　企業買収後は、いかに短期間で事業を軌道に乗せることが出来るか
が重要な観点となる。

　問題点の所在が明らかとなれば、組織の在りかたを検討して、不要
な部門の切り離し（部門売却など）に着手し、それに伴って、人事刷
新や合理化が必要となる場合も生じてくる。

イ）不要な部門の売却

　買収した企業については、非効率部門の合理化と、不要部門の分
離・売却を進め、さらに自社との一体運営を可能にするために新体
制を確立せねばならない。

　合理化を進める時には、解雇することとなる従業員に支払う退職金
をはじめとする種々のコストが発生する。

　また、買収した企業／企業グループの中に、自社にとって不要な部

門がある場合には、売却による切り離しが選択肢となる。

ロ) 買収した企業の経営幹部の処置

　被合併企業とのシナジー効果をあげるため、必要とあらば新体制を確立する為に旧経営陣の入れ替えも選択手段となる。

　その為には、買収成立を見越した段階から、買収企業の経営幹部の処置について検討せねばならないが、逆に、人材が買収後の経営に不可欠と判断されれば、引き留め策が必要となる。

(4) 買収成果の事後評価について

「企業買収（M&A）」は、センセーショナルな一面を持ち、取引先や従業員など関係者も多いので、人々の関心を集め、その成果が議論されることが多い。

　しかし、評価はあくまで買収企業の買収意図との対比から行われるべきもので、それらの情報は外部者にとって窺い知ることの出来ぬものであり、外部から拙速な評価をすべきではない。

　また、その評価は、時間の経過とともに達成された実績の上に固まるものでもある。

　本書では、視点を、「買収直後の段階」、「１年程度経過後」、さらに、「数年以上経過後」に置いて、一般的と思われる「評価基準」を並べるに留める。

１）買収直後の評価

イ) 買収価格は妥当であったか否か

　大型案件については、買収発表直後に、企業の株価に反映されることがある。

　例えば、買収した企業について、買収後の精査（デューディリジェンス）によって買収前に知らされていなかった重大な瑕疵が明らかになるケースは少なくない。

　過去の粉飾決算、法令違反、製造物責任を問われる事態、その他、重要な情報隠蔽が明らかとなるなど、買収直後に明らかになり、予

定外の特別損失計上がやむを得なくなった場合なども稀ではない。

ロ）事業継承が円滑に行われたか

　買収企業の新しい体制が、前経営陣が留任した場合、退任した場合、いずれの場合にせよ、社員を含む関係者の納得を得て、事業が円滑に運営される状況となったか否か。

2）買収後1年程度経過後の評価

　買収時点においては業績不調であった企業のネットキャッシュフローが、その後の経営努力の結果プラスとなる道筋は出来たか。即ち、新たな組織・体制を基とした将来への基本計画は出来たかが問われる。

　個別的には、以下の諸点が確認されねばならない。

　イ）被買収企業の基幹的な取引先の離脱を防ぐことができたか否か。

　ロ）引き継いだ社員のモラール低下や、主力社員の退職は無かったか。

　ハ）買収直後の市場におけるマイナスイメージや、特殊な支払い要因などを克服して、経常的な収益確保への軌道に乗ったか否か。

　ニ）買収価格に含まれた「のれん」などの精査が行われて、特別損失処理が終了したか否か。

3）長期的観点からの評価

　通常、長期投資の場合は、長期、たとえば5年ないし7年後の業績予想を基にして将来の効果を計算するので、真の成果について評価を行うのも、それだけの期間が経過しなければ断定することは出来ない。

　一方、そのような長い間には、計画の前提となった事業環境の変化が起きることも多く、もしあったとすれば、それらの影響を加味せねばならない。

その上で、以下の観点から、評価が行われる。

イ）買収企業の既存事業とのシナジー効果が上がったかどうか（合併前の買収企業と被買収企業の企業業績が、それぞれ合併しなかった場合の業績の合算した成果よりも上回っているかどうか）。

ロ）企業買収（M&A）の結果、事業規模の拡大によって、事業基盤がより確実となったか、ライバル企業に対する競争力が強化されたか、「業界地位向上」に繋がったか否か。

5. わが国企業の「海外企業買収（M&A)」─ わが国企業による大型買収事例 ─

戦後スタートしたわが国企業の海外直接投資は、当初はグリーンフィールド投資が中心で、企業買収（M&A）で目立った動きは無かったものの、1980年代に入って活発化し、都市銀行による欧米における金融機関の買収や、バブル期の海外有名不動産の買収などの大型案件が行われた。

製造業では1988年の「ブリヂストン」による米国「ファイアストン社」の買収や、1989年の「ソニー」による米国「コロンビア・ピクチャーズ」買収などの大型案件が人々の記憶に残る事例となっている。

20世紀の最終年の頃、ITバブルと称された時期には、わが国の民営化によって誕生した「NTTグループ」による米国「AT&T社」や米国「ベリオ社（インターネットサービスプロバイダー事業）」の買収、また「日本たばこ産業」による米国「RJレイノルズ社」など、以前とは桁が違う巨大な企業買収（M&A）が行われた。

これらの動きは年を追うごとに定着し、件数、規模ともに拡大を続けたが、2008年に発生した「リーマンショック」の際には一時的に停滞した。しかしその後は再び企業買収（M&A）の勢いが盛り返し、近年、その範囲は投資する側、投資対象ともに多業種に拡がっている。

　本書では、その全般について立ち入る余裕はないが、これまで行われ、開示され、報道された、わが国企業による外国企業買収の大型事例を拾って金額順に列挙する。

わが国企業による海外企業買収（M&A）の大型事例（2,000億円以上の事例）

　（企業名の H.＝ホールディングス、G.＝グループ、F.＝フィナンシャルの略。出典は、各社の IR レポート、決算報告書、新聞情報および弊社データファイル資料による）

	買収金額 （億円）	買収企業名	年　　月	被買収企業名（国、事業）
1．	6兆2,133	武田薬品工業	2019/01	シャイアー（アイルランド・製薬）
2．	3兆3,234	ソフトバンク G.	2016/07	アーム H.（英国・ソフトウェア開発）
3．	2兆2,530	日本たばこ産業	2007/04	ガラハー（英国・たばこ）
4．	1兆6,793	サントリー H.	2014/01	ビーム（米国・ウィスキー）
5．	1兆5,709	ソフトバンク G.	2012/10	スプリント・ネクステル（米国・携帯電話）
6．	1兆1,108	武田薬品工業	2011/09	ナイコメッド（スイス・製薬）
7．	1兆800[注1]	NTT ドコモ	2001/01	AT&T ワイヤレス（米国・携帯電話、出資比率16%）
8．	9,480	三菱 UFJ F.G.	2008/09	モルガンスタンレー（米国・投資銀行）
9．	9,424	日本たばこ産業	1999/05	RJ レイノルズ（米国・たばこ）
10．	9,413	東京海上日動	2015/01	HCC インシュアランス（米国・スペシャルティ保険）
11．	8,998	武田薬品工業	2008/05	ミレニアムファーマ（米国・バイオ医薬品）

12.	8,915	アサヒ G.H.	2017/03	SABミラーの中東欧ビール事業（英国・ビールほか）
13.	8,060	カルソニックカンセイ	2019/10	マネッティ・マレリ（イタリア・自動車部品）
14.	7,800(注2)	松下電器産業	1990/11	MCA（米国・映画）
15.	7,618(注3)	日本郵政	2015/05	トール（オーストラリア・物流）
16.	7,140	日立製作所	2019/01	ABB（スイス・パワーグリッド事業へ80.1％出資）
17.	6,831	SOMPO H.	2017/03	エンデュランス・スペシャルティ H.
18.	6,760	三菱東京 UFJ 銀行	2013/07	アユタヤ銀行（タイ・銀行）
19.	6,600	ルネサスエレクトロニクス	2019/09	インテクレーテッド・デバイス・テクノロジー（米国・半導体製造）
20.	6,590(注4)	東芝	2006/10	ウェスティングハウス（米国・原子力関連事業）
21.	6,440	ソニー	1989/09	コロンビア・ピクチャーズ（米国・映画）
22.	6,420	三井住友海上火災保険	2015/02	アムリン（英領バミューダ・保険元売・再保険）
23.	6,347	大陽日酸	2018/07	プラクスエア（米国・産業ガス）
24.	6,310	武田薬品工業	2017/02	アリアド・ファーマシューティカルズ（米国・医薬品）
25.	6,283	明治安田生命保険	2015/07	スタンコープ F.G.（米国・生命保険）
26.	6,160(注5)	日本板硝子	2006/06	ピルキントン（英国・板ガラス）
27.	6,000(注6)	伊藤忠商事	2015/01	CITIC（中国・金融）

27.	6,000[注7]	NTTコミュニケーションズ	2000/08	ベリオ（米国・ISP事業）
27.	6,000	日本たばこ産業	2015/09	レイノルズ・アメリカン（米国・たばこ）
30.	5,852	第一生命保険	2014/06	プロテクティブ（米国・生命保険）
31.	5,750	三井住友 F.G.	2015/12	GE（米国）のリース事業
32.	5,531	三井住友 F. G. ほか	2012/01	RBS アビエーション（英国・航空機金融）
33.	5,400	伊藤忠商事ほか	2011/11	サムソン・インベストメント（米国・石油開発）
34.	4,987	東京海上 H.	2008/12	フィラデルフィア（米国・損害保険）
35.	4,884[注8]	第一三共	2008/11	ランバクシー（インド・製薬）
36.	4,730	住友生命保険	2015/08	シメトラ・ファイナンシャル（米国・生命保険）
37.	4,337	エーザイ	2008/06	MGI ファーマ（米国・バイオ医薬品）
38.	4,200	三菱商事	2011/11	アングロアメリカン（英国）のチリ鉱山子会社
38.	4,200	大塚 H.	2014/12	アバニアファーマ（米国・バイオ医薬品）
40.	4,073[注1]	NTT ドコモ	2000/05	KPN モバイル（オランダ・移動通信、出資比率15％）
41.	3,966	三井物産	2010/02	アナダルコ（米国・石油ガス開発）のモザンビーク権益への参入
42.	3,955	電通	2012/07	イージス G.（英国・広告）
43.	3,885	コマツアメリカ	2016/07	ジョイ・グローバル（米国・鉱山機械）
44.	3,816[注9]	LIXIL G. ほか	2014/01	グローエ（ドイツ・水栓器具）

45.	3,564	みずほ銀行	2015/02	ロイヤル・バンク・オブ・スコットランド（英国）の、米国事業の一部買収
46.	3,563	三菱 UFJF	2013/04	ドイツ銀行（ドイツ）米国子会社 PB キャピタルの、不動産金融買収
47.	3,500(注10)	富士通	1990 －1998	ICL（英国・コンピューター）
48.	3,452	セブンアンドアイ・H.	2018/01	スノコ LP（米国）の、ガソリンスタンド・コンビニエンスストア事業
49.	3,337	キヤノン	2015/02	アクシス（スウェーデン・監視カメラ）
50.	3,332(注11)	ブリヂストン	1988/03	ファイアストン（米国・タイヤ）
51.	3,320	三菱東京 UFJ	2008/11	ユニオンバンカル（米国・銀行）
52.	3,283	三井住友 F.G.	2016/12	アメリカン・レールカー・リーシング（米国・鉄道車両金融）
53.	3,250	野村證券	2001/05	ル・メリディアン（フランス・ホテルチェーン）
54.	3,228	ルネサスエレクトロニクス	2016/09	インターシル（米国・IC 関連）
55.	3,187	NTT DATA	2016/03	デル（米国）の IT サービス部門買収
56.	3,161	コマツ	2017/04	ジョイ・グローバル（米国・鉱山機械）
57.	3,126	アステラス製薬	2010/03	OSI ファーマ（米国・製薬）
58.	3,120	伊藤忠商事、JFE ほか	2008/12	NAMISA（ブラジル・鉄鉱石鉱山）

59.	3,070	丸紅ほか	2012/04	HPPL（豪州）のロイヒル鉄鉱山権益12.5％取得
60.	3,000	サントリー H.	2009/09	Black Lion Beverages（ルクセンブルグ・酒類）
60.	3,000	丸紅、関西電力ほか	2008/09	セノコパワー（シンガポール・発電）
60.	3,000	郵政	2019/12	アフラック・インク（米国・保険会社に出資7－8％）
63.	2,960	ダイキン工業	2012/08	グッドマン（米国・空調機器）
64.	2,958	ソフトバンク G.	2017/12	フォートレスインベストメント G.（米国・グローバル投資）
65.	2,945	アサヒ G.H.	2016/02	SAB ミラーの欧州ビール事業
66.	2,880	キリン H.	2007/11	ナショナルフーズ（豪州・飲料）
67.	2,880^(注12)	西武セゾン G.	1988/09	インターコンチネンタル（英国・ホテル）
68.	2,860	NTT	2010/07	ディメンジョン・データ（南ア・IT）
69.	2,858^(注13)	丸紅	2012/05	ガビロン（米国・穀物商社）
70.	2,800^(注14)	古河電気工業	2001/07	ルーセントテクノロジーズ（米国）の光ケーブル部門 OFS Fitel 社の買収
71.	2,652	日立製作所	2015/02	アンサルド STS（イタリア・鉄道）および関連企業に50％超の出資
72.	2,614	旭化成工業	2015/02	ポリポア（米国・化学品）
73.	2,523^(注1)	NTT ドコモ	2009/03	タタ・テレサービシズ（インド・通信）
74.	2,505	オリックス	2019/08	アポロン H.（アイルランド・航空機リース）

75.	2,500(注15)	日立製作所	2002/04	IBM（米国）のHDD部門の買収
76.	2,420	オリックス	2013/02	ラボバンク（オランダ）の資産運用会社「ロベコG.」
77.	2,408	大日本住友製薬	2009/09	セプラコール（米国・製薬）
78.	2,345	豊田通商	2012/07	CFAO（フランス・商社）
79.	2,320	ダイキン工業	2006/05	OYLインダストリーズ（マレーシア・空調機器）
79.	2,320	三菱商事	2012/02	エンカナ社（カナダ）が組成する天然ガス開発プロジェクト（CRP）に40％出資
81.	2,300	キリンH.	2009/10	ライオンネイサン（豪州・酒類）出資53.87％
81.	2,300	三菱商事	2019/07	アングロアメリカン（米国・銅鉱山開発参加）
83.	2,200(注16)	三菱地所	1990/04	ロックフェラーGインターナショナル（米国・不動産）
84.	2,162	テルモ	2011/03	カリディアンBCT（米国・輸血関連）
85.	2,150	ミツカンH.	2014/05	コノプコ（米国・ソース類）
86.	2,117(注17)	オリンパス	2007/11	ジャイラスG.（英国・医療機器）
87.	2,106	サントリーH.	2013/09	GSK社（英国）の清涼飲料事業買収
88.	2,050	東京海上H.	2011/12	デルファイF.（米国・生損保）
89.	2,000(注18)	第一勧業銀行	1989/09	CIT（米国・金融）
90.	2,000(注19)	キリンH.	2011/08	スキンカリオール（ブラジル・ビール）

　これらの取引のうち、話題を呼んだ案件の事情について簡記する。

（注1）「NTTドコモ」は、2001年1月、米国「AT&Tワイヤレス社」の株式16%を1兆800億円（98億ドル）で買収し、筆頭株主となった。しかし買収直後、「AT&Tワイヤレス社」の株価が急落した為、翌年2002年3月の決算において、減損処理5,917億円を実施せざるを得ない状況となった。この決算ではこの他にも、2000年5月に投資したオランダ「KPNモバイル社」（上表40.）への出資4,073億円、2000年に香港「ハチソンテレフォン社」に出資1,900億円、その他1社などへの出資についても減損処理を行った結果、合計9,474億円の特別損失を計上する結果に陥った（その後2004年「AT&T社」の株式は6,950億円で売却。「KPNモバイル社」とも2005年、関係を解消した）。
　　　別途、2009年3月、「NTTドコモ」は2,523億円を出資して、インドの有力財閥「タタ・グループ」と「タタ・ドコモ社」を設立した。「タタ・ドコモ社」は2009年6月からサービスを開始したものの経営を軌道に乗せることが出来ず、「NTTドコモ」はさらに144億円を追加出資。2014年度には債務超過に陥るに至った。この出資に関しては、「NTTドコモ」出資分を「タタ・グループ」に買取請求できる契約（「売却オプション」）を当初から結んでいたことから、「NTTドコモ」は買い取りを請求。「タタ・グループ」との間で法廷闘争となり、ロンドン国際仲裁裁判所への提訴などの過程を経て、2017年2月、インド高等裁判所判決により勝訴を勝ち取った。その結果、損害賠償金1,172百万ドル（約1,300億円）の支払いを得て落着した。

（注2）「松下電器産業（現在の「パナソニック」）」は、1990年11月に、米国ハリウッドの映画産業大手「MCA社（ユニバーサルスタジオの親会社）」を61億ドル（約7,800億円）で買収した。しかしその後当社を取り巻く環境悪化の中で事業計画の変更を迫られ、1995年、カナダの酒飲料会社「シーグラム社」に持株の80%を57億ドル（約4,730億円）で売却した（その後「シーグラム社」は現地のM&Aを経て「ユニバーサルヴィヴェンディ社」となった）。
　　　残りの株式20%の持ち分はその後の資本構成の変動によって徐々に比率低下し7.66%となっていたが、2006年2月に、親会社となっていた「ユニバーサルヴィヴェンディ社」に全額売却し、完全撤退完了した。

（注3）「日本郵政」は2015年5月、オーストラリアの物流会社「トール社」を当社グローバル事業展開の足場とするべく7,618億円で買収せるも、買収後の同社内容の悪さが露呈したために2017年3月期決算において、のれん

代償却など減損特別損失4,003億円を計上して赤字決算に陥った。

（注４）「東芝」は、2006年10月、原子力発電で世界大手の米国の「ウェスティングハウス社」を、米国エンジニアリング会社の「ショー社」、わが国の「IHI社」と共に買収（買収当初の株式所有割合は：当社77％、「ショー社」20％、「IHI社」３％）、さらに将来を見据えた大胆な企業体質転換を期して、原子力燃料ウラン関連などの周辺事業へも追加投資した。しかしながら、2011年３月「東日本大震災」の際の「東京電力」福島原発事故発生や、折から世界的な原子力発電事業の将来性への疑問が高まる中、当社の企業業績が悪化。また「ウェスティングハウス社」も事業破たん状態となった結果、2018年４月、巨額の売却損を計上しつつカナダの投資ファンドに価格わずか１ドルで売却する結果となった。

（注５）「日本板硝子」は、2006年６月、同業で世界的大手である英国「ピルキントン」を30億ポンド（6,160億円）で買収した。「日本板硝子」はそれまでも「ピルキントン」の株式20％を保有していたが、この買収により、残り80％を獲得して、「ピルキントン」を完全に子会社とした。買収金額には「ピルキントン」の既存有利子負債の引きうけ及び諸経費等を含んでいる。しかし買収後の精査により、取得原価のうち、のれんを含む無形資産が4,100億円。また買収資金調達における借入金・債券4,700億円の金利負担などが表面化した。

（注６）「伊藤忠商事」はタイの「CPグループ」と共同（折半出資）で「CITIC」に20％出資した。

（注７）「NTTコミュニケーションズ」は、2000年８月、米国ISP事業（インターネットソリューションプロバイダー事業）の「ベリオ社」を55億ドル（6,000億円）で買収した。米国新会計基準に基づいて、のれん減損償却を行ったことから、2001年中間決算で評価損など6,285億円を計上した。

（注８）「第一三共」は、2008年11月、インドのジェネリック医薬品会社「ランバクシーラボラトリー社（以下、「ランバクシー社」）」を、株式公開（TOB）により4,884億円で58％を獲得して企業買収した。しかし「ランバクシー社」に関しては、買収直後から米国当局から品質管理基準に達していないとの指摘があり、また社内試験データの改ざんが発覚するなどして期待していた輸出による世界展開が出来なくなったことから、の

れん減損3,500億円が発生。その後当社は「ランバクシー社」の見通しが立たなくなったことから、2014年4月、インド製薬大手「サン・ファーマ社」に同社株式9％と交換で譲渡した。これにより合併差益2,787億円を獲得。さらに2015年4月、「サン・ファーマ社」の株式を3,784億円で売却して関係清算に至った。

（注9）「LIXIL G.」を中心とする各社は、2014年1月、ドイツの水栓器具「グローエ社」に44％出資。さらに2015年に追加出資して完全子会社とした。しかしその直後に「グローエ社」の中国子会社「ジョウヨウ社」の不正会計が発覚し、その結果、660億円の特別損失を計上した。

（注10）「富士通」は、1990年、英国「ICL社」株式80％を1,890億円で買収して、電算機事業規模で「IBM」に次ぐ規模となった。その後1998年に完全子会社化し、さらにドイツ企業を買収して傘下にするなど累計投資額3,500億円に上った。しかしその後も所期の投資効果が得られずに、2007年3月期決算において2,900億円の評価損を計上した。

（注11）「ブリヂストン」による、米国「ファイアストン社」の買収
「ブリヂストン」は、1988年に米国で苦闘のすえに買収して子会社とした「ファイアストン社」製造のタイヤを装着したフォード車が起こした事故が全米規模で拡大した結果、その後、長期・巨額の訴訟に巻き込まれ、最終的に多額の回収費用と和解金支払いを余儀なくされた。このような経緯を振り返れば、この買収は「ブリヂストン社」にとって、その経営に受けた打撃の大きさから失敗であったとする非難の声が多かった。しかしこの大災難を乗り越えた結果、その後、巨大な米国市場におけるシェア獲得に成功し、現在のグローバル業界トップ企業としての地位を固めるための重要な契機となったことを思えば、この企業買収（M&A）がまたとない機会を捉えることのできた成功事例として挙げることができる。

（注12）「西武セゾン G.」は、1988年、ホテルオペレーションの世界的大手「インターコンチネンタル」を買収したが、自社のホテルチェーン経営上、相乗効果を発揮するに至らず、その間、「西武グループ」支援の観点から、英国「バスグループ」に売却することとなり、その定額償却と返済が現在も続いている。

(注13)「丸紅」は、2012年5月、米国の穀物流通大手「ガビロン社」を27億ドル（2,858億円）で買収した。しかしながら買収後の業績寄与度を検討の結果、2015年3月期決算において、1,000億円以上と言われるのれん代の一部500億円を減損処理した（「ガビロン社」は現在も「丸紅」食品部門の一翼を担っている）。

(注14)「古河電気工業」は、2001年7月、米国「ルーセントテクノロジーズ社」の光ケーブル部門 OFS Fitel 社を2,750万ドル（2,800億円）で買収した。しかし買収時の期待通りの成果が上がらず業績低迷が継続したために、2004年、のれん代減損などの特別損失1,600億円を計上した。その後は徐々に業績回復軌道に乗り、2009年に「信越化学工業」と提携、また2016年には米国「技術・工学エミー賞」を獲得するなどの話題を集めている。

(注15)「日立製作所」は、ハードディスク駆動装置を基幹事業の一つに育成するべく、2002年4月、米国「IBM社」の HDD 事業を2,500億円で買収した。しかしながら2007年3月期末には評価損1,600億円を計上。その後も米国の外付け型 HDD メーカー「ファブリック社」と、マレーシアの HDD 素材工場を買収するなどの体制強化によって2009年に黒字化達成した（その後米国事業については2011年に米国証券市場に株式公開して、買収資金の一部回収を果たした）。しかし全体として満足すべき成果を得るに至らなかったため、2011年に方針転換して事業からの撤退を決断し、その事業全体を同業首位の米国「ウェスタン・デジタル社」に売却して撤退完了した（売却金額3,500億円、42.5億ドルで売却した。1ドル＝約82円で計算）。

(注16)「三菱地所」は、1989年10月に米国きっての財閥の不動産保有企業「ロックフェラーグループインターナショナル（RGI社）」への資本参加を発表。1990年4月、2,200億円で80％株式を買収した。「RGI社」の主体資産は、ニューヨーク中心の「ロックフェラーセンタービル群」14棟であり、この買収は、わが国「バブル」の象徴的な取引で、米国民に大きな反日の衝撃を与えた。しかし「RGI社」の経営は低迷を続け、1995年には米国破産法申請。その間、保有していた大型ビルディング14棟のうち12棟を処分した（「三菱地所」も赤字転落）。
その後「三菱地所」は、「RGI社」の全株式を取得、さらに同社を軸にして米国事業、および欧州事業展開を図っている。

（注17）「オリンパス」は、2007年11月に英国医療機器メーカーの「ジャイラス G.」を2,117億円で買収した。しかしながら2011年7月に買収時に支払った仲介料が30％を超える異常さや、社内の巨額損失隠ぺい粉飾会計が雑誌に報道され、同年4月、就任したばかりの英国人マイケル・ウッドフォード社長の指揮によって調査が開始された。この調査は本件買収案件だけでなく、ほかの国内3社案件も含み、これを機にウッドフォード社長解任への社内抗争と、粉飾に関わる刑事事件に発展した（「ジャイラス G.」は、現在も子会社として機能している）。

（注18）「第一勧業銀行（現在は「みずほ銀行」）」は、1989年9月、当時の米国「マニュファクチャラーズ・ハノーバー銀行」の傘下にあった「CIT グループ」に60％出資した。同社はその後、現地同業者を買収、支店出店するなど事業を拡大したが、「第一勧業銀行」は、2001年、グローバルなリストラの一環として「CIT グループ」を92億ドル（1兆1,000億円）で「タイコ社」に売却した（1ドル＝約120円にて換算）。

（注19）「キリン H.」は、2011年8月、ブラジルのビール会社「スキンカリオール社」を買収。「ブラジルキリン社」へ社名を変更して運営したが、所期の軌道に乗せることが出来ず、2015年、1,140億円の減損が発生して創業以来の本社赤字を計上したために、2017年「ハイネケン社」に売却して撤退した。

IV. 投資決定に際して

「海外直接投資」を決定するプロセスは、企業によって、またその投資の個別事情によって一様ではない。

自社の優れた商品、技術、サービスを世界に問いたいと常日頃から考える意欲的な企業は、すでに海外との取引があるばかりでなく、相手の国・地域や自治体、あるいは現地の取引企業などから投資の誘致が来ている場合もある。

既に海外投資による進出を経験ずみの企業であれば、それなりのノウハウを社内保有・蓄積していて、それらは次の新たな投資を行う際の参考となる。

しかし過去の経験は、その後の世界情勢の変化によって、修正せねばならぬ場合があり、国や地域、さらに大陸が異なるとなれば、他の場所での経験が通用しないこともある。

本項ではそのような状況を前提とした上で、投資決定に際して、なお念頭に入れておくべきと思われる基本的事項を以下取り上げてゆく。

- 投資の前に認識すべきこと
- 投資相手国・地域についての見方
- リスクについて考える

1. 投資の前に認識すべきこと

ここでは、以下の事項を取り上げる。

- 「タイミング」が大切
- 準備段階の行動
- 人材の確保とトレーニング
- 「合弁」で投資する場合

- EXIT（出口）について（回収、縮小、売却、撤退）

⑴「タイミング」が大切

「投資はタイミング次第」というのは、海外でも、国内でも、同じ真理である。

そのタイミングを掴むには、常に業界の動向をグローバルな感覚でウォッチし、好ましい状態となったときに、スピード感覚で投資決定をするべきことは言うまでもない。

タイミングを適確に捉える為には、客観的な過去の市場の相場観（商品・原材料価格、不動産価格、外国為替相場）など、多くの指標に精通しておくことが肝要であることは言うまでもない。

投資対象国・地域の「経済環境」が好調である場合には、そこでの直接投資が有望であろうことに誰しもが納得するが、投資が稼働開始するまでの間に時間がかかるので、果たしてスタート時点における経済環境がどうなるかといった予測もせねばならない。

特に、景気過熱状態下での投資は、建設費、人件費、また企業買収（M&A）の場合には買収金額が高値となる場合が懸念され、仮に、その後、景気下降局面に転じるとなれば、過大な費用は将来へのマイナスの負担となる。

「外国為替の動向」について言えば、外国為替の長期トレンドの中では、円高局面における投資は、必要な外貨を安価に調達できることから割安な投資となる。反対に円安局面では、同じ外貨の投資を行う場合でも、より多額の円貨を必要とすることになる。

一般的に言われる「海外直接投資」を実行すべきタイミングとしては、次のような局面が挙げられる。

1）投資による事業拡大が見込める状況となったとき、或いは他社との競争上から現地に進出せざるを得ない状況となったとき。
例えば、

イ）自社製品・商品への需要がさらに拡大する見通しで、現地拠点（販売店網や生産拠点）の構築が有効、あるいは不可欠と判断される場合。

ロ）ライバル他社の動向に対抗する必要があると判断される場合。

2）海外投資を制限してきた国・地域が、外資を導入すべく政策変更するとき。

例えば、

イ）新興国がこれまで国内企業の保護目的で制限してきた規制を緩和・撤廃すると決めたとき。

ロ）自由貿易・投資協定が結ばれて、その国・地域と協定相手との間の経済の自由度が高まって、経済発展が期待できるとき。

3）ライバル企業、あるいはその事業部門が売却対象となったとき。

例えば、

イ）その企業自身が経営不振に陥って外部の支援を求めざるを得ないときや、自らその事業部門を不要と判断したとき、あるいは、その企業を保有する株主・親会社の事情から売却されるとき。

(2) 準備段階の行動

海外直接投資を企画する際には、そこに至るまでに最新情報を最大限入手し、十分に各要素を洗い出して検討し、そのうえで決定判断をすることが大切であり、その基本は常に変わらない。

以下は、現地の情勢に関する生の情報を得るために効果的とされる、予備的な準備事項である。

1）「国際的見本市」への展示参加

　自社製品・商品の販売が目的であれば、現地における「国際見本市」へ出店して、市場の傾向、地元の反応、ライバルの動向などを確かめることから始めるのが定石である。

2）工業団地（現地事務所、日本における窓口）の訪問

　現地生産が目的であれば、工場団地が立地の第一の対象となる。既存の工場団地からは、現地操業の状況が容易に理解できる。工場団地の事業主は、現地企業である場合が多いが、わが国企業が開発を手がけるケースもあり、特に、東南アジアでは、わが国総合商社の手による開発物件が各地にある。そこからは現地の具体的な情報入手が期待できるし、現地を訪問すれば、近隣にすでに進出している企業の状況を観察することも可能で、参考となる。

3）「駐在員」の派遣・駐在

「駐在員」を派遣し、常駐させることはコストとなるが、それによって相手国政府の投資受け入れ窓口や、現地の日本人ビジネス団体との付き合いが生まれる。駐在員は、現地の情報を持つわが国企業、特に総合商社、銀行、国際税務会計事務所などとの交流を通じて幅広い生の意見を収集することが可能となる。

　近隣に自社の拠点がない場合には、まず現地に「駐在員」を派遣・駐在せしめた後に、具体的な進出計画を策定することが順当な手段と言える。

4）「代理店」との関係確認

　自社の現地法人を設立するにあたって、これまで利用してきた現地の「代理店」との関係を、これからどのようにするかは非常に重要な問題である。取引関係を解消するか、今後も新たな関係を構築していくのか、その際の出資関係をどこまで受け入れるか。また、相手企業に期待する役割や条件など、検討し、交渉するべき事項は多い。

⑶ 人材の確保とトレーニング

　人材の確保は、海外直接投資の成否にとって鍵となる最大のポイントの一つであるが、国内だけでなく、現地においても「キー・パーソン」となる人材の確保が重要である。

　1）派遣する人材の要件

　投資を企画・推進するにあたっては、まず当該の事業部門でその投資の主導的役割を演じる人材が中心となるが、海外派遣となる人材には、単に担当する事業をこなす能力だけでなく、次のような要件が求められる。このような人材は、あらかじめ意図して用意、育成して準備することが必要である。

　　イ）現地における組織運営全般を取り仕切る役割を果たすこと
　　ロ）国内関係部門の理解・協力を得ること
　　ハ）自身の健康状態に問題なきこと
　　ニ）家族の協力や家庭環境に懸念なきこと

　さらに「海外直接投資」が動き出し、拡大する際には、海外、国内、両サイドにおいて、関係する人材の数が増えるため、一層の教育とトレーニングが必要となる。対象となるのは、若手従業員だけでなく、海外事業を指向するあらゆる従業員となるが、その結果、社内の隅々まで海外事業への理解が深まり、だれもが海外派遣の機会があれば受け入れるという文化が浸透することとなる。

　人材育成の観点からの新卒者の採用については、外国人留学生や、海外の大学を卒業する日本人留学生の採用はすでに広く行われている。また過去に自社を退職した経験者や、他社における国際業務経験者の中途採用など、専門性を持つ人材はすべて検討の対象となる。

　2）海外における人材確保

　「海外直接投資」の場合、本社派遣社員を中心に現地運営を行えば容

易であるが、いまや現地における人材確保と、その活用による事業体制の構築は避けて通れない。

　まず大切な点は、現地における「内部統括管理者」の採用である。「内部統括管理者」は、現地社員の取りまとめ役として、人事への関与や、労務問題についても経営側に立つ、すべての「キー・パーソン」となる。信頼を得た「内部統括管理者」は、本社派遣員が定期的に帰国した後も、長くその拠点のルールや文化を伝承して行くこととなる。

⑷「合弁」で投資する場合

　現地法人設立にあたって、現地の有力企業と合弁で事業を開始・運営するケースは非常に多い。合弁相手に恵まれることは、スムーズな立ち上げと、その後の長期安定した事業運営に欠かせない要素と言える。「合弁」による投資は、多くの理由から選択されるが、その基本は相手出資者と事業の利害を共有するという点にある。

　一方、その両者の意図するところには、お互い異なった事情が働いており、合弁事業を成功させるためには、相手の事情を理解、尊重することが不可欠である。

　以下、留意すべき点について述べる。

- 「合弁」で事業を行う事情
- 「合弁」の相手先
- 出資比率について
- 合弁とする利点（メリット）
- 合弁から生じる問題点（ディメリット＝リスク）
- 合弁契約書

1）「合弁」で事業を行う事情
イ）現地規制による場合
　　海外直接投資を受け入れる国や地域にとって、事業の成功と発展

は国益につながることになるので通常は歓迎一本である。しかし国内事業者との競争が懸念される場合には国内産業保護の観点から、外国資本に対して抑制的にならざるを得ない。そこで国内事業者の規模が小さい「小売業」、「サービス業」などについては現地資本との「合弁」を条件とすることが多い。

　また「国益」の確保の観点からは、「公共インフラ」なども全額出資が認められない場合がある。「国防」の観点から「軍事産業」に抵触する製造技術をもつ企業へは、外国資本そのものが排除される場合が多い。

ロ）それまで協力関係にあった地元企業との関係

　新たな市場に進出する外国企業は、それまで協力関係にあった地元企業の協力を得て自社の事業展開を行うことが有利である。

　現地で販売を意図した事業であれば、それまで販売委託していた「代理店」との関係発展が大切であり、双方に異存がなければ共同出資者になってもらうことが自然である。しかし新規投資をきっかけとしてこれまでの関係を清算して、新たな合弁相手と提携するチャンスでもある。

　新会社スタート時の運営面では、概して、「現地従業員の人事管理」「会計、税務」、「現地当局対応」などの内部管理の範囲について、合弁相手に依存することが多い。

　製造業を興す場合には、工場建設だけでなく、従業員募集、教育訓練からスタートせねばならないので、現地ですでに工場を運営して類似の製品を製造している国内事業者の協力を得ることができれば、立ち上げ負担の軽減となる。

ハ）巨大権益に一部参加する場合

　資源開発や大型インフラ建設など、リスクの大きい事業の場合には、資金軽減やリスク分散の観点から、他社と組んで一部出資を行い、出資範囲での利益確保を目指すこととなるので、おのずから「合弁」或いは「一部出資」という形にならざるを得ない。

2）「合弁」の相手先

　合弁の相手先としては、さまざまな相手が考えられるが、基本的には遠い将来にわたってお互いの信頼関係が構築できると思われる相手でなければならない。

イ）現地企業

　　現地事情に明るい有力企業と組むことが有利であることは自明の理であるが、自社との格、文化、相手経営者の人柄などの相違が将来の阻害要因とならぬかどうかを確かめることが肝要である。

ロ）第三国の企業

　　自社と同じ状況下にある第三国の企業と合同で出資する場合もある。

ハ）わが国の企業

　　志を同じくするわが国の企業と共同で出資するケースも多々ある。

ニ）自社のグループ内企業

　　自社グループ内の事情から、複数企業が出資する場合があるが、これは実質的には、形を変えた「独資」である。

3）出資比率について

　現地に合弁子会社を設立するにあたっては、出資比率が検討の対象となる。

　出資比率は将来にわたって事業運営上多くの問題に影響する重要事項であるので、その決定は、以下の観点から慎重な検討が必要である。

イ）単独（出資比率100％）の場合

　　現地企業との肌合いの違いを懸念することなく、本社の社内ルールを持ち込んで現地拠点とすることが出来る。

　　子会社を設立した後、さらなる事業展開のために、その現地子会

社の支店や孫会社を設立する方法、あるいは持株会社（ペーパーカンパニー）を設立して、その下に実質的な事業主体たる現地法人を設立するやり方もある。

「合弁」という言葉に対して、自社100％出資の場合は「独資」と呼ばれる。自社の出資が100％、あるいは圧倒的出資比率で経営権を発揮する場合には、「現地法人」と呼ぶことが多い。

ロ）出資比率　── 事業の主導権（経営権）を握るか、合弁相手に渡すか──

　基本的な経営方針に関わる事柄は、出資比率をどの程度にするかが鍵となるので、合弁会社の場合は、当初から、両者の責任分担を明確にして、お互いに納得してスタートする必要がある。

　現地の外資規制などの理由から、当初やむなく合弁でスタートせざるを得ない場合には、将来の株式買い取りを含んだ合意が重要となる。

a）100％出資
完全子会社として、本社の延長と見られる。連結決算上は「連結子会社」となる。

b）50％超
経営権が確保できる。連結決算上は「連結子会社」となり、財務諸表は親会社の連結対象となる。

c）50％以下、20％以上の場合
この場合、連結決算上は「持分法適用会社」となって、呼び名は「関連会社」の範疇となり、投資先の損益が自社の出資比率分について計上される。但し財務諸表の連結は行われない。経営権は、他の出資者との力関係によるが、通常の場合はとれない。
出資比率50％、即ち1対1と対等出資のケースは、合弁相手との力関係が拮抗しているので、状況の変化によって利害関係が変化する。時として発生する利害の対立をこえて将来も関係を持続するためには、つねにお互いの接触を密にして、何よりもお互いの不信感を未然に防ぐ努力が必要となる。

d）出資比率20％未満の場合
経理上は単なる長期投資の扱いになり、配当を期待するだけのこととなる。経営権は、相手側に渡すこととなる。この場合、出資する意義としては、出

資関係を通じて、輸出入の権利獲得や、ノウハウ・ブランド料の獲得など、他の利益を享受することにある。

なお各種統計上は、出資比率10%以上までが「支配力の及ぶ直接投資」とされて、カウントの対象となることが多い（10%未満は単なる「ポートフォリオ投資」の範疇となる）。

4）合弁とする利点（メリット）

イ）事業立ち上げ時間の短縮

社内体制の構築、製造工場の稼働開始など、現地合弁相手企業の実績が有効に働いて、すばやく事業運営を軌道に乗せることが期待される。

ロ）販売網構築の時間短縮

すでにある合弁相手先の顧客網をベースにして、販売網を短時間で構築することが出来る。

ハ）人材確保、内部運営

合弁相手先の人材調達ルートを利用して、適切な人材を短期間で確保することが出来る。

5）合弁から生じる問題点（ディメリット＝リスク）

イ）合弁パートナーとの信頼性喪失

合弁企業の事業が行き詰まった時に、決算処理や、親会社としての資金支援策について意見が分かれることがある。

反対に事業が順調で、さらなる拡大に向けた積極策を検討するような局面においても、資本増強への考え方が異なるなど、合弁相手企業との齟齬が露呈して、事業運営が停滞することがある。

ロ）経営権をめぐる争いの発生

現地法人設立時には、地元政府の出資規制から少数株主として投資しても、実態は経営権を把握して、わが国企業のペースで経営をスタートさせるケースは多い。しかし時間の経過とともに徐々に現地側出資者が経営に関与するようになって、やがて経営権をめぐる

争いに発展する場合がある。

　特に事業拡大に関する更なる出資（増資）をめぐって、経営権の争奪問題へ発展して、結局、事業を合弁相手側に引き渡すこととなるケースもある。

　事例としては、韓国における「ファミリーマート」のコンビニエンスストアや、インドにおける「ホンダ」の二輪車事業が挙げられる。いずれの場合も、事業立ち上げが順調に進んだ後に、現地出資者の強い意向によって出資を相手側に渡さざるを得なくなったばかりか、強力なライバル誕生につながる結果となってしまった。

ハ）合弁解消時の留意点

　合弁を解消して、合弁企業が現地側出資者の傘下に入ったことによって技術が移転される事態も想定しておかねばならない。

　現地合弁相手側からすれば、事業運営のコツを会得し、ノウハウを学んで自信を持った時、出来れば事業のすべてを自分のものとしたいとの願いは、ある意味で理解できるが、時として現地側企業が最初から意図的にそのようなシナリオを描いて合弁事業を推進する場合があるとも言われる。

6）合弁契約書

　合弁契約書は必ず自社側の弁護士の協力を得て注意深く作成するべきである。

　後日、お互いの誤解や、お互いの方針変更などの理由から、事業運営が蹉跌をきたして、ダメージを生じるケースが多々あるので、お互いの協調的雰囲気が良い設立当初の段階で、忌憚なく合弁相手と合議の上、以下のような基本的項目については合弁契約書に具体的に盛り込んでおくべきである。

イ）経営権

　経営権は、基本的に出資比率に従って、出資比率50％超の側が握るものであるが、事情によってマイノリティー側が社長（或いはCEO）のポジションを握る場合もある。従って、社長の権限（或いは交代のルールを含め）についてもあらかじめ合意して契約に記録しておくことが望ましい。

　併せて、幹部役員の分掌・責任、当方から派遣する役員の待遇などについても、場合によっては明確にしておく。

ロ）増資の決定、親会社借入金の負担

　事業拡大や業績悪化した際の増資決定のルールや、親会社からの借入金導入について、あらかじめ合意しておくべきである。

ハ）役員会開催のルール

　役員会開催にあたっては、開催要求の権利だけでなく、会議議事録の作成など守られるべきルールについても合意しておく。

ニ）監査権限、重要な社内規定

　監査の権限、やり方や、重要な社内規定の内容や後日における決定方法についても定めておく。

ホ）役員報酬

　役員報酬は微妙な問題であるが、あらかじめそのレベル、決定方法について合意し、恣意的に流れないようにしておくべきである。

ヘ）株式買い取り、持株処分の際の条件

　後日、自社持株の処分が必要となった際に、相手企業の同意を条件とする事は一般的に行われている。その際の価格については、基本的に両社合意に基づいて公平に決定するとのスタンスが望ましい。

ト）商標権、当社ノウハウに対する対価支払い

　出資者である親会社の持つ商標権やノウハウを事業の基礎とする場合には、その対価支払いについて明確にしておくべきである。

⑸ EXIT（出口）について（回収、縮小、売却、撤退）

　"投資の前に認識すべきこと"として、EXIT（出口）について論じることは、余計なことであるかも知れないが、投資は、すべて上手くいくわけではない。事業が計画どおりに進まず、事業規模の縮小、或いは撤退を選択せねばならないケースが多々あることも事実である。

　事業の再編成は、海外事業展開において重要な課題であり、「海外直接投資」を行う場合には、事業の縮小あるいは撤退の可能性もあり得ることを認識しておかねばならない。

　さらに戦略上、株式持ち分の全部、または一部を他社に売却する場合や、新たな投資参入者に出資の一部を譲渡するケース、或いは株式公開によって意図的に出資持ち分を引き下げる際、さらには親会社から長期間貸し付けてきた資金の回収など、これらはすべて、投資の「EXIT＝出口」と呼ばれ、統計上はマイナスの投資の範疇に入る。

- ▪ 事業の縮小・撤退
- ▪ 事業の売却
- ▪ 親会社借入金返済

　１）事業の縮小・撤退

　　事業が所期の成果を得られず、また更なる発展の見通しが立たない場合に、その事業の存続について再検討することは重要である。結論が、撤退となるとすれば残念なことであるが、現実としてそのような事例は少なくない。

　　撤退のコストは通常甚大となる場合が多いが、複雑かつデリケートな撤退作業は、社内でも経験者は多くない。事業部門を超えたノウハウの蓄積と交換の為に、「撤退マニュアル」を作成して、法務部門などで一元管理することが望ましい。

　　イ）撤退の原因としては、以下のケースが考えられる

　　a）当初計画の遂行不能

投資国における事業環境が激変した場合、現地の人件費高騰によって生産計画の遂行が困難となった場合、あるいは当初の事業計画自体が甘かったような場合など種々の原因から、経営不振によって事業の継続が不可能となった場合。

b) 設立時の当初事業目的が終了した場合

解散や、事業譲渡によって投資を回収するケース。

c) 地元の合弁パートナーとの経営方針の違いが発生して修復不可能な状況となった場合

d) 本社による海外拠点の戦略的見直し、即ちグローバルな拠点統廃合など

昨今の問題としては、欧州における英国の欧州連合（EU）からの離脱（BREXIT）に伴って、EU 域内国への拠点移動をする場合には、英国への投資は回収となる。

ロ) 撤退に際しては、通常以下の諸点を解決していかねばならない

a) 国・地元自治体との契約関係終了

当初に受領した補助金の返還を要求される場合もありうる。

b) 債務返済（取引先との代金清算など）

c) 税金支払い

それまで優遇税制を受けていた場合に、状況によっては、過去優遇分の返還を要求される場合もある。

d) 従業員対応

最も難しいのが、労働組合を含む従業員対策であろう。交渉が感情的になると、工場や事務所のロックアウト（閉鎖）といった事態も懸念され、収拾までの時間を要することとなる。また、退職金の割り増し支払いが巨額にのぼることもある。

e) 訴訟の結着

巨額の訴訟がこじれ、結果として予想をこえる損害に発展するような場合、処理、手続きを弁護士、公認会計士などの専門家に委ねて撤退する事もある。

２）事業の売却

売却には積極的売却と事業撤退に伴う売却とがあるが、ここでは積極的な売却の場合について述べる。

「投資」について考えると、当初の事業計画が一応の成果を得たと判断された時点で、企業のグローバル戦略の中での位置づけを再検討し、事業をいったん売却して売却益を手にする、という選択も一つの積極的判断である。資金を有利な条件で回収して、ほかの有望な事業へ投資することは当然の経営判断である。

イ）現地証券市場での上場

事業拡大に伴う株式の証券市場上場は好ましい選択肢の一つである。

海外子会社が発展して現地証券市場で株式を上場するケースは、経営権の保持を前提とした資金調達と、公開株式市場における企業価値の公認を意味し、海外直接投資の成功を象徴するものである。かつて「ジャスコ」（現在の「イオン」）は、米国で買収した「タルボット社」を上場させた例がある。[注]

(注) 1988年、「ジャスコ」（現在の「イオン」）は、米国の大手食品会社「ゼネラルミルズ社」の非主流部門であった衣料品チェーン「タルボット社」を公開入札により買収。その後同社運営を軌道に乗せて、1993年には株式のニューヨーク証券取引所上場に成功。これにより買収資金を回収することにもなった（「タルボット社」はその後好調な業績で「ジャスコ」に貢献したが、後年、業績不振に陥り、2010年に売却された）。

ロ）合弁パートナーへの譲渡（持ち分の一部譲渡を含む）

合弁企業については、事業の見通しや、そのための増資についての意見の相違、事業運営上での主導権争いなど、パートナーとの関係は常に微妙である。

その際に相手側が、共同事業の価値をこちら側が考えるよりも高

く評価して買収したいとの提案が来れば、売却して資金回収、さらには売却益獲得も選択肢の一つである。

ハ) 戦略的売却

投資し、運営している事業の業績が伸び悩み、先行きが不透明となった際に、これまで以上に発展させてくれる企業へ売却すること、或いは、経営権を渡すものの、相応の出資比率を維持して事業発展の成果を共有するといった判断は、必ずしも事業失敗ということではない。

諸々のリストラの過程において、対象となる企業を統合して効率化をはかる場合に、売却によって清算を回避できれば、多くの観点から望ましいことと言える。

伊藤忠商事は、1998年に買収した米国のくぎ・ねじ等の建材販売会社（米国最大）「プライムソース社」（買収価格38億円）を2015年に約1,000億円で売却した（2015年3月28日付『日本経済新聞』—— 伊藤忠商事のHP、有価証券報告書には計数の開示なし）。

3）親会社借入金返済

親会社からの長期借入金返済は、本社サイドからすれば「海外直接投資」の回収にあたる。この場合、返済資金の源泉としては、自ら生み出した収益金による場合と、現地借入金などの新たに現地で調達した資金による場合と両方が考えられる。

2. 投資相手国・地域についての見方

「海外直接投資」において、投資対象国・地域の選定に関して一般的な観点から「適・否」を論ずることは容易でない。

A社にとって無視すべき国が、B社にとってはかけがえのない市場であるといったケースは幾らでもある。

「海外直接投資」は、長期間にわたる事業展開を目的として行われるので、投資した後もその成果が期待される長い年月の間には、幾多の環境変化が生じて、国や地域への評価が変質する事態もありうる。

　そのような変化は、一見、国内事情が安定していない「新興国」で多く起こりうると考えられるが、必ずしもそうとは限らない。「先進国」と呼ばれる諸国では定期的に選挙が実施され、その結果、政権が交代すると、経済政策、対外政策などが大きく変更となる可能性もある。

　安定した事業環境が長く続くことを願う投資企業にとって、投資相手国の動向は、進出した後、さらに注視継続することが欠かせない。

　本項では、投資対象国・地域の見方について、以下の角度から理解していきたい。

- 進出目的に沿って見る
- 受け入れ国・地域のスタンス
- わが国と、投資対象国・地域との協定関係
- 国際専門機関による見方
- 社債格付けによる国の評価

　ちなみに、わが国企業の進出状況は、世界の地域別に以下のようになっている。

日本の主要国・地域別対外直接投資残高（2017年末）

アジア	47兆1,439億円	（27.9％）
（中国）	（13兆2,059億円）	
（アセアン6カ国）	（20兆2,856億円）	
（韓国・台湾・香港）	（8兆9,551億円）	
（インド）	（2兆4,950億円）	
北米	56兆 983億円	（33.2％）
（米国）	（54兆2,595億円）	
中南米	11兆4,427億円	（6.8％）

（メキシコ）	（1兆1,746億円）	
（ブラジル）	（2兆4,335億円）	
（ケイマン諸島）	（4兆1,640億円）	
大洋州	8兆7,561億円	（5.2％）
欧州	43兆4,122億円	（25.7％）
（英国）	（17兆 197億円）	
（ドイツ）	（6兆6,223億円）	
（オランダ）	（12兆8,019億円）	
（ベルギー）	（2兆3,161億円）	
その他の地域	1兆8,920億円	（1.2％）
合計	168兆7,458億円	（100％）

（出所：「日本の対外直接投資残高」〔財務省/日本銀行〕）

(1) 進出目的に沿って見る

　海外直接投資を行うにあたっては、事業目的に沿って、投資対象となる国・地域を見ることから始まる。

1）販売拠点構築のポイント

　販売拠点の構築を建設するについては、それ以前の段階から、現地代理店などを通して現地販売の実績を積み重ねている場合が多く、その市場における自社製品・商品拡販へのさらなる自信を基に企画される。

　その結果として決断される販売拠点構築の対象国としては、以下の諸条件が満たされることが求められる。

イ）自社の製品・サービスの良さを理解し、受け入れてくれる市場であること

　その市場規模が相当程度に大きく、その市場における成功が、さらなる発展につながる可能性があること。

ロ）小売業の場合には、適した店舗の確保ができること

　店舗立地は、小売業において最も重要な要素の一つであるが、優良な立地はすでに地元の老舗、あるいは先発の外資企業に抑えられていると考えられる。

　そのような状況の下で、大型ショッピングセンターなど新たな商業施設開発が行われれば、進出のチャンスとなる。

ハ）物流環境が整っていること

　港湾、空港、倉庫、高速道路へのアクセスなど、物流環境が整っていることも重要な条件となる。

2）生産拠点構築のポイント

　生産拠点構築の場合は、自社のこれまでの、その国・地域における製品販売の実績に加えて、「現地生産の結果、期待できる製品コスト削減」や「現地仕様品の製造」などによる一層の飛躍を期待して企画される。

　自社が大きく依存する取引先、すなわち販売・納入先がすでに現地に進出していて、そこからの要請があって投資を行うケースもある。

　製造業の新規工場建設は、地元の雇用創出に貢献することから、現地国・地域から最も歓迎される投資である。そのため多くの国・地域からは、工場団地などの土地を有利な条件で斡旋、貸与してくれるなど種々の協力が期待できる。

　しかし地元の環境維持に敏感な自治体からは、化学物質、騒音などを排出する企業の進出に対して、いろいろな制約条件を課されることもある。

　その点、日系企業が多く入居しているなど、すでに立地条件が整っている工場団地などが安全な候補先とも言える。

　工場建設に際して留意すべき諸条件としては、以下のような点にある。

イ）雇用・労働環境
　a）人件費の水準が低コストであること
　b）充分な適正能力の人材確保が可能かどうか。必要に応じて研修
　　体制も構築せねばならない。
　c）労組との健全な関係や、安定した雇用ルールが期待できること
ロ）工場立地の条件
　a）土地の広さ、電気、水などの環境に恵まれていること
　b）アクセス環境（立地が、港湾・空港・鉄道・高速道路など、原
　　材料・部品調達が容易であること）
　c）現地での原材料調達の際の価格面の有利さ（例えば、産油国で
　　石油化学プラントを立ち上げ、石油化学製品をつくるなど）
　d）部品調達環境と裾野産業の発達
　　（金型や部品が地元で得られるか、わが国部品企業が周辺地域
　　に進出可能であればさらに良い）
　e）工場建設費が安価であること
ハ）現地政府からの支援策
　a）税制上の優遇策。法人税率上のメリット、政府支援（補助金）
　　が得られること
　b）設備機械輸入許可・関税適用などで便宜が図られること
　c）工場立地への支援が得られること
　d）派遣社員に、良い居住環境が確保されること

3）研究開発拠点設置のポイント
　海外における研究開発の在りかたについては、「基礎研究」、「新商品開発」、「地域限定商品開発」など、目的が異なることによって、拠点設置の場所や運営も一様ではない。
　一般的に、研究開発のための直接投資を行う要件としては、「研究・開発の環境が優れている場合」、さらに、「優秀な人材が確保できる場合」などの点が挙げられる。

イ）「基礎研究」の場合には、それなりの研究の地盤がある場所に限られてくる

　例えば、IT業界では、周辺に新規事業開発ベンチャーが多く集まる環境、米国シリコンバレー、西海岸諸州、東部ボストン周辺や英国ケンブリッジ周辺などが知られている。

ロ）「新商品開発」の場合

　ａ）ITソフトウェア開発ではシステムエンジニアの採用が容易であることが要件となるが、インドや東南アジア諸国では、多数の人材確保が可能とされている。

　ｂ）医薬品業界では、バイオ医薬品開発ベンチャー発掘や、臨床実験環境などの観点から、米国、英国、ドイツなどの立地が選考されている。

　ｃ）商品デザイン開発目的の事例としては、自動車、二輪車各社が欧州に拠点を設けている。

ハ）「地域限定商品開発」の場合

　多くの製品・商品に対する嗜好は国々によって異なる場合が多く、さらなる事業拡大のために、現地における商品開発やデザイン開発が求められる。通常その役割は、現地製造拠点内の技術開発部門が担っているが、さらに発展して、専門の開発拠点を設立するケースもある。

⑵ 受け入れ国・地域のスタンス

　海外直接投資を受け入れる国・地域の側にとって、通常それは自国経済に積極的な効果をもたらすと期待されることから、歓迎されることであり、それゆえに誘致のためのインセンティブが用意されていることが多い。

　事業立ち上げの初期段階において、地元からの協力を得ることは、投資の成否に大きく影響する。

　各国・地域、あるいは自治体とも受け入れ窓口を設けているので、初期の段階から相談し、協力を得ることが肝要である。

1）歓迎される投資

　投資対象となる国・地域としては、自国の経済振興、雇用拡大、技術向上などの見地から、一般的にその効果が大とされる以下の業種、事業形態への投資が歓迎されている。

　　a）ハイテク業種
　　b）輸出貢献業種
　　c）雇用創出効果の大きい業種
　　d）研究・開発拠点
　　e）地域統括拠点の設置

2）外国資本誘致に提供されるインセンティブ

　海外企業の投資を歓迎し、他の周辺国に優先して招致するための優遇策（インセンティブ）は、国・地域、進出企業の業種などによってそれぞれ異なるが、以下の諸点などについて配慮が可能か否か打診、交渉することも試みるべきである。
　　a）工場建設用設備機械輸入時の輸入関税免除取り扱い
　　b）法人税・事業税などの一定期間減免措置
　　c）工場用土地・建物の提供・斡旋
　　d）輸出用商品製造の為の輸入部品・原材料に関わる関税の優遇措置
　　e）派遣社員の個人所得税・社会保険料への特例措置
　　f）研究開発への補助金提供、雇用への補助金提供

3）税金
イ）法人税率

　　多くの国々は産業振興、外国企業誘致のために法人税を引き下げる傾向にある。節税目的をもって各国拠点を結ぶ事業スキームを構築することは、財務戦略、資金戦略上重要なポイントであり、国際的税務の専門家との充分な検討が必要である。

[主な国々の法人税率（2017年末現在）]

	法人税率	地方税率	実効税率
米国	32.9%	6.01%	38.91%
フランス	34.43%	0%	34.43%
ドイツ	15.83%	14.35%	30.18%
オーストラリア	30.0%	0%	30.0%
日本	22.59%	7.38%	29.97%（財務省 HP より）
オランダ	25.0%	0%	25.0%
中国	25.0%	0%	25.0%
スイス	6.70%	14.45%	21.15%(注)
タイ	20.0%	0%	20.0%
英国	19.0%	0%	19.0%
シンガポール	17.0%	0%	17.0%
香港	16.5%	0%	16.5%
アイルランド	12.5%	0%	12.5%

（注）スイスは地方税率が高いが、地方ごとに認められた減免政策によって、地方税率を大幅に下げて投資誘致を行っている自治体もある。

ロ）税制の「安定性・明瞭さ」

　新興諸国などにおいては往々にして、税制の運用の際に現地当局の恣意的な判断が優先して、不合理かつ長期にわたるトラブルに巻き込まれるといった事態が生じることも稀ではない。

　その観点から、「租税条約」の有無も確認すべき要件である。

　「租税条約」は、条約当事国間の二重課税を防止するために二国間で結ばれるが、「海外直接投資」の場合は、「源泉課税」が関係する。

　また投資対象国から周辺国、あるいはその他の国々へさらに事業を発展させる場合には、それらの当事国間の租税条約関係も問題となる。

　2018年6月現在、わが国は123カ国・地域と条約を締結している
が、租税条約も内容の性格上「租税に関する情報交換が主たる内
容」の協定と、「税務行政執行共助協定」と二通りあり、国ごとに
異なるので理解しておくことが必要である（台湾に関しては「日台
民間租税取決め」の形をとっている）。

ハ）優遇税制の利用
　主な優遇制度には次の事例が知られている。
　a）オランダ、ベルギー、ルクセンブルグ
　　これらのEUベネルックス3国は、いずれも海外からの投資誘
　　致のために篤い優遇税制を講じている。
　（オランダ）
　　オランダの投資対象国としての利点は、オランダ法人が第三国
　　に設立した子会社から受け取る配当金、株式譲渡益が免税対象
　　であることである。特に巨額な投資案件に対しても出資比率
　　25％未満の投資など、わが国で税務上は配当金送金への優遇策
　　が受けられない場合には、オランダ法人経由の出資が有利とな
　　る。
　　オランダについては、税務当局の明瞭性や、金融機関の多様性
　　なども、投資家から好意的な評価を得ている。
　（ベルギー）
　　ベルギーも受取配当金課税減免制度により、ベルギー法人が第
　　三国に設立した子会社から得る受取配当金の95％、知的財産
　　権からの収入の85％が課税対象外となる。
　　なお永年、同国に投資した大型企業へ特別に適用されていた超
　　過利益優遇制度は、EU違反と認定されて廃止されている。
　（ルクセンブルグ）
　　ルクセンブルグも同国法人が海外から受け取る配当、キャピタ
　　ルゲイン、ロイヤルティーの80％が法人課税免除対象となる。
　b）アイルランド：法人税12.5％と低率（地方税なし）
　　アイルランドは、法人税率を低率に設定するだけでなく、知的

財産保有、持株会社、研究開発などの分野で各種の優遇制度を提供している。同国は EU 加盟国であり、英語国であることなども、外国投資受け入れに有利と考えられている。

c）シンガポール

アジアではシンガポールが、低い法人税率（17％）を適用するほかにも、海外からの直接投資へ様々な優遇税率制度を提供している。なお、同様な優遇策については隣国のマレーシアでも体制整備を行っている。

ニ）タックスヘブンについて

海外では、外国企業による投資を呼び込むために法人課税を低率、もしくは減免する国々が多く、なかでもタックスヘブンと呼ばれる国々では実質課税負担がゼロとなっている。しかしわが国税務当局においては、法人税率17％未満の国における子会社の利益は否認されるので、一概に低税率国における事業が有利となることはない。

現状わが国企業では、銀行など金融機関が英領ケイマン諸島や英領バミューダ、船舶会社はパナマなどを利用することが多く行われている。

企業の得た利益をどこの国が課税するかという点については、いずれの国も最大の関心をよせ、国と国の間で課税の争いが激化しているので、当事者としてその負担を最小に留めるためには、投資国だけでなく、わが国税務当局、さらに関係する国々との関係までも考慮して対応していかねばならない。

4）反対に、懸念される条件や措置

一般的には歓迎されるはずの海外投資でありながら、途上国においては、自国産業保護、育成などの観点から、以下のような条件が付加されることもあるので、充分な事前の調査と、現地当局との交渉が肝要である。

　イ）現地出資条件

　　　業種によっては、現地企業との合弁企業設立が義務付けられて、
　　出資比率についても制約が課せられる。

　ロ）ローカルコンテンツ

　　　製品に一定の現地部品調達比率が課せられる。

　ハ）輸出条件

　　　製造品の一定割合を輸出することが条件付けられる。

　ニ）技術開示・移転要求

　　　技術やノウハウの開示・移転が求められる。

　ホ）送金規制

　　　本社への配当送金について、当局への申請・許可が自由に得られ
　　るか。

⑶ わが国と、投資対象国・地域との協定関係

「海外直接投資」が、投資した国・地域の恣意的な政策によって不利益
を被ることがあってはならない。

　本項では、「海外直接投資」に関して国家間の基本となる「二国間投
資協定」、「自由貿易協定」、「経済連携協定」、「地域共同体条約」につい
て述べる。

　1）二国間投資協定（BIT = Bilateral Investment Treaty）

　　当初、国際的な経済発展のための基本的な枠組みは、貿易が対
　象の中心で、1948年に成立した「関税及び貿易に関する一般協定
　（GATT）」に始まって、「新多角的貿易交渉（ウルグアイ・ラウン
　ド）」の場における国際的投資ルール作りの作業を経て、1994年の
　「世界貿易機構（WTO）」設立へと進化してきた。

　　しかしこの「WTO」体制は、その後の加盟国数増加による各国間
　の利害複雑化によって、その調整が容易に進展しないなど、期待どお
　りの機能が充分発揮されていない。

　　その間、現実的には、各国とも自国の利害を優先して、特定の相

手国との二国間協定によって対応する流れになっており、中でも直接投資に関する協定は「二国間投資協定（BIT ＝ Bilateral Investment Treaty）」と呼ばれている。

　投資協定の目的は、「公正な貿易・商取引」や「投資保護」にあり、以下の項目などが含まれている。

a）内国民待遇（自国民への待遇と同様の待遇を相手に与えること）
b）最恵国待遇（通商条約、商航海条約において、関税など別の第三国に対する優遇措置と同様の優遇を提供すること）
c）送金の自由
d）投資家及び社員の入国ビザ取得への配慮
e）紛争処理の透明性・迅速性

［投資協定発効・署名国・地域］
中国、香港、韓国、モンゴル、ミャンマー、ラオス、カンボジア、ベトナム、パプアニューギニア、パキスタン、バングラデシュ、スリランカ、カザフスタン、ウズベキスタン、イラン、サウジアラビア、オマーン、エジプト、トルコ、イラク、クウェート、ロシア、ウクライナ、コロンビア、ペルー、ウルグアイ、モザンビーク

2）「自由貿易協定（FTA ＝ Free Trade Agreement）」と「経済連携協定（EPA ＝ Economic Partnership Agreement）」

　FTA とは、特定国の間で結ばれる、関税やサービス貿易の障壁等の削減・撤廃を目的とする協定であるが、さらに協定の対象が貿易のみにとどまらず、「国際間の投資の自由化」、「知的財産権の保護」、「人的交流の拡大」など幅広い分野にまで拡大されたものを「経済連携協定（EPA ＝ Economic Partnership Agreement）」と呼んでいる。なお、協定締結の当事者としては、国単位、国と国の間の協定だけでなく、国の相手方が EU、ASEAN など地域条約加盟国が一括して当事

者となる場合もある。

（日本貿易振興機構〈ジェトロ〉によれば、2018年6月現在、世界全体で発行しているFTAは301件あるとされる。「2018年ジェトロ世界貿易投資報告」による）

［投資協定国・地域］
シンガポール、マレーシア、タイ、インドネシア、ブルネイ、フィリピン、ベトナム、ASEAN（10カ国）、インド、メキシコ、チリ、ペルー、スイス、オーストリア、EU（28カ国）、TPP11（カナダ、メキシコ、チリ、ペルー、オーストラリア、ニュージーランド、シンガポール、マレーシア、ベトナム、ブルネイ）

３）地域共同体条約

　地域共同体条約は、同一地域の加盟諸国の共同体的利益追求のためのもので、内容は、政治、経済、通商など多面的であるが、国はその地域の諸国と条約を結ぶことによって、経済的に一体化し、そこでの経済活動は規模の利益を享受することができる。

　投資対象国を定めるとき、考慮すべき大切な要素の一つに、その投資対象国／地域と隣接する他の国／地域、あるいはその周辺地域との関係がある。
　近隣諸国・地域の拠点をベースとして、勢力拡大の次の候補地として対象国・地域が検討されるケースも多い。
　そのような意図をもって締結された経済的条約は、下に列挙するように多数存在する。
　これらのなかで地理的、および、経済力の集中度合から見て特に重要なのは、「東南アジア諸国連合（ASEAN）」、「欧州連合（EU）」、「北米自由貿易協定（NAFTA）」の３つである。

［東南アジア諸国連合（Association of Southeast Asian Nations ＝ ASEAN）］

1967年8月設立（設立時加盟国は5カ国：インドネシア・マレーシア・フィリピン・シンガポール・タイ）。1984年以降、1999年にかけて5カ国（ブルネイ・ベトナム・ラオス・ミャンマー・カンボジア）が加盟して、現在加盟国合計10カ国となっている。

加盟諸国は経済発展の程度にばらつきがあり、域内における関税障壁撤廃などの進行速度は速くない。しかし、いずれの国も経済発展にかける国民の意欲は高く、わが国との経済的結びつきは強固である。

［欧州連合（European Union ＝ EU）］

第二次世界大戦によって壊滅的な打撃をうけた欧州は、各国が協力して経済復興を図るべく1958年1月、西欧6カ国（以下のうち＊印の国々）が結束して「欧州共同体」を発足させた。この組織は英国など5カ国の参加を得て拡大し、さらなる団結のため1993年「欧州連合（European Union ＝ EU）」結成へと発展進化した。さらに旧ソ連の崩壊によって解放された諸国が多数参加するなど、ピークは28カ国まで拡大したが、2020年1月英国の脱退によって、現在は加盟国数27カ国となっている。

アイルランド、イタリア（＊）、エストニア、オーストリア、オランダ（＊）、キプロス、ギリシャ、クロアチア、スウェーデン、スペイン、スロバキア、スロベニア、チェコ、デンマーク、ドイツ（＊）、ハンガリー、フィンランド、フランス（＊）、ブルガリア、ベルギー（＊）、ポーランド、ポルトガル、マルタ、ラトビア、リトアニア、ルーマニア、ルクセンブルグ（＊）

EUと英国の関係は、充分な合意なく行われた為に、未だ脱退直後の現在時点では、お互いの利害関係を調整する交渉が始まったばかりの状況にある（2020年2月現在）。

　英国は、欧州における有力国であるというだけでなく、多くのわが国企業にとって欧州事業展開の要となっていて、欧州内で最大の投資が行われてきたことから、ことさら今後の動向に注目が集まっている。

　欧州連合（EU）の基本は、「資本移動の自由」と「労働力移動の自由」にあるが、加えて、国境検査撤廃によって人の移動の自由を高めることとなった「シェンゲン協定」への参加と、単一通貨「ユーロ通貨」の採用が、加盟各国のさらなる一体感形成に役立っている。
「シェンゲン協定」には、EU加盟国のアイルランド、ブルガリア、ルーマニア、クロアチア、キプロス5カ国が参加していないが、反対にEU非加盟のアイスランド、ノルウェー、スイス、リヒテンシュタインの4カ国が加わっている（英国は参加していない）。
「ユーロ通貨」には、現在EU加盟国の中の次の8カ国は加盟していない（スウェーデン、デンマーク、ポーランド、チェコ、ハンガリー、ルーマニア、ブルガリア、クロアチア、なお英国は従前から加盟していない）。
　なお「欧州連合（EU）」には、ロシアに対抗する勢力圏を構築するという政治的意向も背景にあるが、米国やトルコなども加盟する軍事的同盟「北大西洋条約機構（NATO）」とは別個の存在である。
　欧州における事業展開に際しては、これら複雑な諸要素を念頭において対応するという、地政学的配慮が要請されている。

［米国・メキシコ・カナダ協定（US-Mexico-Canada-Agreement＝USMCA）］
　米国、カナダ、メキシコ3カ国による自由貿易協定。協定は2018年11月に、それまでの［北米自由貿易協定（North American Free Trade Agreement＝NAFTA）］に代わって結ばれた。わが国企業にとっては、自動車・自動車部品の域内原産割合の規定などが大

きな関心の中心であるが、この協定には、生産に関わる賃金水準（時給16ドル以上）を規定する条項も含まれている。

　以下、世界のその他の地域経済同盟関係を列挙するが、結成後の地域国家間の外交情勢が流動的となっている地域もあり、現状これらすべてが充分に機能しているとは言えない。

南アジア自由貿易地域（SAFTA）	インド・パキスタン・バングラデシュ・スリランカ・ネパール・ブータン・モルディブの7カ国
欧州自由貿易連合（EFTA）	スイス・ノルウェー・アイスランド・リヒテンシュタインの4カ国
湾岸協力会議（GCC）	バーレーン・クウェート・オマーン・カタール・サウジアラビア・アラブ首長国連邦の6カ国
南部アフリカ開発共同体（SADC）	南アフリカなど南部アフリカ諸国16カ国
南米共同市場（MERCOSUR）	アルゼンチン・ブラジル・パラグアイ・ウルグアイの4カ国
アンデス共同体（CA）	コロンビア・ペルー・ボリビア・エクアドルの4カ国
統一経済圏（12年発足）	ロシア・ベラルーシ・カザフスタン

⑷ 国際専門機関による見方
　海外に事業展開する上で、日々変化する国際情勢を把握することは欠

かせない。

その一助として、国際的に権威ある代表的研究機関による客観的な評価を参考とすることには、大局的な判断を行う上で意味がある。

以下、世界の代表的評価機関の評価と、社債格付け機関による評価を紹介する。

1）「IMD研究所（スイス）」の評価（国・地域の経済競争力ランキング）

［評価項目］

a．経済構造（国内経済＝規模・成長・富の蓄積・将来の展望、国際貿易、国際投資・融資、雇用、物価）

b．政府の効率性（公共財政、財政政策、国家の組織＝中央銀行・国の効率、ビジネスに関わる立法、社会体制）

c．ビジネス効率（生産性・効率性、労働市場＝コスト・労使関係・技能、資金調達＝銀行の効率性・株式市場の効率性・財務運営、経営実態、民意と価値ほか）

d．経済インフラ（ベースとなる基本的環境、技術的環境、科学面における環境、健康と環境問題、教育ほか）

2）世界経済フォーラム（スイス）の評価（国・地域の総合的評価）

［評価項目］

a．基礎的データ（インフラ、健康・教育、マクロ環境）

b．効率化（高等教育・訓練、実物市場の効率性、労働市場、金融市場、技術、市場規模）

c．イノベーション（革新）、ソフィスティケーション（洗練）

3）世界銀行の評価（事業関係規制からの自由度ランキング）

［評価項目］

a．事業開始の容易さ

b．建設許可取得の容易さ

c．電力事情の良さ

d．不動産登記の容易さ

e．資金調達の容易さ

f．少数株主保護

g．納税

h．輸出入

i．契約履行の遵守

j．破たん処理

総合評価の国別順位（2017年）

［IMD 研究所］ （投資環境）	［世界経済フォーラム］ （国際競争力）	［世界銀行］ （事業開始の難易度）
1．香港	1．スイス	1．ニュージーランド
2．スイス	2．シンガポール	2．シンガポール
3．シンガポール	3．米国	3．デンマーク
4．米国	4．オランダ	4．香港
5．オランダ	5．ドイツ	5．韓国
6．アイルランド	6．スウェーデン	6．ノルウェー
7．デンマーク	7．英国	7．英国
8．ルクセンブルグ	8．日本	8．米国
9．スウェーデン	9．香港	9．スウェーデン
10．アラブ首長国連邦	10．フィンランド	10．マケドニア
⋮	⋮	⋮
18．中国	28．中国	34．日本
26．日本		78．中国

⑸ 社債格付けによる国の評価

　広く知られている社債評価機関の格付けは、国の発行する国債（主として長期）の評価も行っており、その時々の国の信用状態を長期経済的観点から判断する上で一般の人々にわかりやすく、手軽な指標となって

いる。

　評定は、情勢の変化に対応して、随時変更され、公表される。従って、対象国の評定が変更されたとすれば、その背後に何らかの理由があり、そこでその国のリスクの度合いの変化が読み取れるわけである。

　代表的な評価機関としては、ムーディーズ社と、スタンダード・アンド・プアーズ社が有名である。

　1）「ムーディーズ社」による格付け（格付けは、以下の記号で表される）
　　Aaa　Aa　A　Baa　Ba　B　Caa　Ca　C
　（これらの記号のうち、Aaa から Caa までについては1、2、3という数字付加記号が加えられる）
　　日本に対するソブリン格付けは、A1（ポジティブ）［自国通貨建て長期国債］となっている（2018年4月以降）。

　2）「スタンダード・アンド・プアーズ社」による長期発行体格付け
　　　（格付けは、以下の記号で表される）
　　AAA　AA　A　BBB　BB　B　CCC　CC
　（これらの記号に、プラス記号［＋］とマイナス記号［－］が付されることがある）
　　日本に対するソブリン格付けは、A+（自国通貨／長期、外貨／長期とも）となっている（2015年9月以降）。

3．リスクについて考える

　投資において「チャンス」はつねに「リスク」と表裏の関係にあり、その原則は、国内投資でも海外投資でも違いはない。
　しかし「海外直接投資」の場合は、法律の異なる国境を越えて長期資金を投下し、制度や文化の相違ある環境において事業展開するわけで、未経験、不慣れといった要素は否定できず、国内に較べて「リスク」の度合いがより高くなることは納得できる。

例えば、わが国の中であれば、企業が重大な困難に陥ると、多くの場合、取引先、親会社、銀行、政府など、周辺の存在がその解決に参加するが、海外においては、そのように頼りになる存在は期待できない。

　本項では、「海外直接投資」とは、甘さが許されぬ世界であること、との認識の下で、リスクを大きく二つに分類して考察する。併せて、その他のリスクについて「天然鉱物資源開発のリスク」を中心に説明しておく。

- 事業環境の激変に遭遇するリスク
- 現地の事業運営に際して生じるリスク
- その他のリスクについて―「天然鉱物資源開発のリスク」を中心に―

(1) 事業環境の激変に遭遇するリスク

　海外直接投資を企画する際に、当初の段階から配慮すべきリスクは多いが、投資の長い間には、世界の一角で、想定を超えた事態が発生して、事業運営に大きな支障を被る場合もある。

　以下に述べるリスクなどは、企業にとって「回避不能」な事態なるも、遭遇した際には、全社的な対応を即座に始動せねばならない。

- 「政治的・社会的側面」
- 「市場的側面」
- 「自然的側面」

1)「政治的・社会的側面」

　世界の国・地域における政治的あるいは社会的なリスクについては、あらかじめ充分に研究し、危ういと判断される国・地域への投資は控えるものであるが、それにもかかわらず安全と判断した投資の後においてすら、想定を超える事態に遭遇する場合がある。

　このような事態が生じると、それまでに築いた事業基盤が根本から

毀損して、投資資産の価値が低下する、あるいは守られてきた権益が
消滅するなどの事態が生じる。

イ）イラン　イスラム革命 (1979年)

　従来の王室独裁体制を打倒して、イスラム共和国樹立に至った政
変。革命の最終段階においては、日本人駐在員およびその家族がか
ろうじてトルコ航空特別機で国外に脱出するという際どい事態と
なった。

　最も大きな損失の例は、三井物産の「イラン・ジャパン石油化学
(IJPC)」で、この一件は同社に甚大な損失を与えたのみならず、わ
が国の海外投資に大きな教訓を与えた。

　この事件は、貿易保険の支払いをめぐって、国会問題から社会注
視の問題となったばかりでなく、三井物産社内に大きな傷あとを残
し、同社の業績発展の足を長くひっぱることとなった。

　三井物産によるイランの油田排ガスを原料とする石油化学開発の試みは、1970
年、日本・イラン両国の覚書によってスタートした。これを受けて1973年、「イ
ラン・ジャパン石油化学＝ IJPC」が設立され、建築工事が始まった。しかし建
築が85％まで進んだ1979年1月、イラン革命勃発によって頓挫、さらに米国大
使館人質事件、米国・イラン断交、1980年9月のイラン・イラク戦争と続いた。
その間、6度の爆撃を受けて甚大な被害を出した結果、総事業費は7,300億円に
まで膨れ上がった。
　1981年11月に、ついにプロジェクト打ち切りが決定したが、その後、当時と
しては巨額となる清算金1,300億円を支払い、最終清算までさらに8年の長期を
要した。

ロ）アメリカ同時多発テロ事件 ── 米国9.11事件

　2001年9月11日㈫朝8時45分（日本時間夜9時45分）、ニュー
ヨークのワールドトレードセンタービル2棟にアルカイダのオサ
マ・ビン・ラディン率いるテロリストグループの乗っ取った旅客機
2機が飛行突入し、犠牲者数千人（内、日本人24人）という未曽

有の大惨事となった。その間、他の航空機2機が首都ワシントン国防相（ペンタゴン）に突入を試みるも、こちらは目標をはずれた。

　日本人については、被害に遭ったワールドトレードセンタービルに、「富士銀行」（現在の「みずほ銀行」）など30社を超す日本企業が事務所を構え、数百人の日本人が働いていたが、最終的に22人の犠牲者（行方不明者を含む）を出し、旅客機に搭乗していた2名と共に痛ましい犠牲者となった。

ハ）ペルー　日本大使館大量人質事件

　わが国企業は、南米ペルーで長年にわたり、主として非鉄金属資源開発などに直接投資を行っているが、1996年12月17日、日本大使公邸において、天皇誕生を祝うレセプション開催中に左翼ゲリラによるテロに襲撃される事件が発生した。

　当時、現場では大使はじめ多数の日系人、わが国企業駐在員など数百人が参集しており、ペルー外務大臣をはじめとする参加要人、日系企業現地代表者、青木盛久大使以下大使館員など600人が人質となった。解決が長引く間、人質は徐々に解放されたものの、事件は翌年まで続き、最終的には127日目の4月22日に軍の特殊部隊突入によって人質71人（内、邦人24人）が解放されたものの、ペルー人人質1人、特殊部隊員2人が死亡するに至った。

ニ）「日本バッシング」（中国の台頭とナショナリズムや、米国などにおける）

　中国へのわが国企業の本格的進出は、1979年の鄧小平主席による改革開放政策への転換を機にはじまった。しかし2005年、中国内の主要都市を中心に起こったわが国に対する歴史問題に端を発した大規模なデモは、日本製品不買への掛け声から、上海総領事館、日本料理店、さらには一部の日本企業へのデモとなって押し寄せた。さらに2012年9月、尖閣諸島国有化をきっかけとして起きた反日デモは全国的な広がりを見せ、永年地元（湖南省）に愛されて

営業を続けてきた「平和堂デパート」ですらデモによる損害30億円を被るなど、わが国進出企業のすべてに大きな不安を与えた。このような事態は、わが国との外交問題だけでなく、中国国内のふとした事情から突然発生するなど、これからも再発が懸念される。

　反日運動は、アジア諸国だけに限って起きているわけではない。前述の米国におけるドル防衛政策が採られた時期には、米国全土において「日本バッシング」が行われ、民衆が日本製の乗用車を公開の場で叩き壊すような事態が発生している。

ホ）韓国に残る反日感情

　韓国労働組合の過激さは有名であるが、韓国の場合は、対日の反感が加わるとさらに先鋭化して、かつてわが国から進出した銀行全体がターゲットになったことがある。昇給、賞与支給、退職金、待遇改善などの不満を掲げて支店長や幹部を長時間にわたって監禁状態に置いて威嚇するといった行動がしばしば見られた。

へ）インドにおける政治的暴力の存在

　インドでは労働組合に加えて、政治的な意図をもった勢力が暴力的な労使交渉を展開し、2008年にはイタリアから出資派遣された自動車部品製造企業の社長が交渉の途中で撲殺されるといった極端な事件も発生している。

ト）アルジェリアにおけるテロ事件

　2013年1月16日、アルジェリアで建設途中の天然ガス関連プラントが、地元の武装勢力に襲われ、数十人の犠牲者が出る事件が発生したが、その中には、当時建設に携わっていたわが国企業「日揮」の社員など日本人10人が含まれていた。

2）「市場的側面」

　この種のリスクとしては、前項から述べている「外国為替」が最大

のリスクであるが、そのほか「石油・天然ガス」、「天然鉱物資源」などの市場価格の乱高下や、地球的自然災害による「農水産物」価格の激変もリスクとして挙げられる。

イ）外国為替

現地子会社運営上、外国為替のリスクは、基本となる事業モデルによって、リスクの形が異なる。

a）本社から商品、あるいは資材・部品を輸入して、現地で販売する場合には、現地側の在庫、売掛金、あるいは売上により発生する利益が現地通貨で計上され、連結バランスシート上のリスクとなる。

b）本社からの仕入れが無く米ドルなどの通貨で支払われる場合には、現地支払い経費を含めてすべての状況が、連結決算ベースでは円貨との交換比率に関するリスクとなる。

c）海外からの資源購入が主な事業の場合には、逆のリスクが恒常的に発生することは言うまでもない。

d）外国為替相場の変動を避けるには、「現地通貨建て債務の利用」、「現地通貨建て取引の拡大」、「円貨建て取引への移行」といった対応が考えられる。

かつて、1951（昭和31）年から2000年までの50年間に、わが国企業はフローベースで、推定7,722億ドルの海外直接投資を行った。しかしその年末の投資残高を確かめると、約2,806億ドルと、累計投資金額の36.3％しか無いことが判明した。

この時の資産減少の理由としては、以下の諸要因が考えられる。

▪ 米ドル下落による影響

かつて円貨から米ドルなどの外貨に転換して投資された資産は、その後の円の対米ドル為替の上昇によって減価しており、その影響は10兆円を上回るとも推計される。

▪ 配当金の支払い、減資、あるいは親会社からの長期借入金の返済が行われた結果、投資残高が減少した。

▪ 長期融資の返済
　長期融資のなかには、現地事業のための通常の融資金のほかに、融資買鉱のような、現物引き取りによって返済されるものもある。
▪ 現地事業における損失発生
　現地事業の損失は投下資産の減少を意味するが、そのほかに天然資源開発の際の探鉱の不成功による事業放棄などもこの部分に含まれる
▪ 撤退による回収
　償却、海外における売却であるが、バブル期に大量の買収が行われた海外不動産のその後の売却なども含まれる

ロ) 米国経済の変調

　米国経済が世界の中心であり、米ドルが世界の基軸通貨であることから、米国経済の変調と米ドル価値の急変は、わが国企業にとっては米国内で活動する現地子会社だけでなく全世界的な影響を被る。

　1971年の「ニクソンショック」や、1985年の「プラザ合意」の際は、米国経済の停滞だけでなく、米ドル価値の急落も相まって、わが国企業の活動に大きな負の影響をもたらした。さらに2008年9月15日発生の「リーマンショック」は、瞬く間に世界中に波及して、金融、経済に甚大な損害をもたらした。

ハ) 南米を覆った政治の時代

　わが国企業は、戦後早い時期からブラジル、ペルーなど南米諸国に積極的な投資を行ってきた。

　1958年　　「(当時) 八幡製鐵」を中心とした「日本ウジミナス」によるブラジル一貫製鉄業の立ち上げ
　1959年　　「(当時) 石川島重工業」によるブラジル造船業「イシブラス」の立ち上げ
　1963年以降　ボリビア、ペルー、チリの銅鉱山開発投資

しかしその間、南米諸国で台頭した軍事政権下、経済面では、ハイパーインフレーション —— 大幅通貨切り下げ —— 国家債務不履行（デフォルト）が進行して、投資は停滞した。

その後2001年に、ブラジルがBRICsの一員と呼ばれて、世界の投資対象国に復帰したが、ベネズエラなど、不安視される国も残っている。

ニ) アジア金融危機（タイ・韓国・インドネシア）

アジア諸国は、急激な発展の過程において流入した過剰な外国資金が、一挙に流出に転じたことから、金融危機となって、地域諸国の経済全般に大きな混乱をもたらした。

この動きは1997年、タイに始まり、マレーシア、フィリピン、韓国へ、さらに翌1998年にはインドネシアへと伝播した。

特に、タイ、韓国、インドネシアは、国際通貨基金（IMF）に支援要請する結果となり、その指導による緊急経済運営プログラムを実施したことから、金融・経済収縮を招いて、国家経済に大きな混乱を生じた。

ホ) EU団結の綻び

1958年のローマ条約発足以来、ヨーロッパ社会の統一を目指してきたEUは、今や参加28カ国に達した各国の利害調整の段階にある。

中でも英国の離脱は、これまで欧州のなかで最も多額の投資を英国に行ってきたわが国企業にとって、戦略を転換するかどうか、大きな判断を迫られている。

ヘ) オイルショックとイスラム社会の騒乱

中近東を中心とした地域は、豊富な石油・天然ガス資源を抱えて、世界経済的に極めて重要な地域である。

しかしその地域の諸国家の状況は、現在の勢力圏の歴史が浅いこ

と、またほとんどの国々においてイスラム教の影響が強いものの、同じ宗教でも異なる宗派ごとの対立がきびしく、さらに、地域内に第二次世界大戦後に建国されたユダヤ教国家イスラエルが出現したことが、全体の平和維持をむずかしいものにしている。原油価格急騰は1973年の第一次オイルショック以来、何回か発生している。

　石油・天然ガス資源を中東湾岸地域に大きく依存しているわが国にとって、この地域の政治動向からはひとときも気を抜くことが出来ない。

3）「自然的側面」

　巨大な自然災害は世界各地で、しばしばわが国とは異なる様相で発生する。

　それら「台風・ハリケーン」、「水害」、「干ばつ」、「山火事」、「地震」、「津波」などの「自然災害のリスク」については、当然に事前調査である程度承知しておくべきであるが、時として前例を超える規模の災害によって想定以上の被害、損害を受ける場合がある。

イ）2011年、タイで発生した大洪水はわが国企業の工場が集中する地帯を直撃し450社が被災、回復までに長期間（数カ月）かかったことから、各社とも甚大な被害を受けたばかりか、関連の供給網を大混乱に巻き込んだ。また、わが国損害保険会社の洪水被害にかかわる支払い保険金が1,500億円を超えるレベルに達した。

ロ）オーストラリアでは、広い国であるゆえにわが国のような防災対策は行われていない。特に、山火事や大洪水の規模は巨大で、農業や鉱山での被害が深刻となる。わが国企業の投資でも、石炭、鉄鉱石などの鉱山水没による多大の損害が報告されている。

⑵ 現地の事業運営に際して生じるリスク

　ここでの範疇に入るリスクは、事業立ち上げから、その後の運営にお

いて生じる諸問題の範疇に入る。これらは必ずしも海外事業だけに固有であるというわけではないが、国内とは勝手が異なることから、問題発生に際しては、まず現地の事情を理解して対応することが求められる。

1）事業立ち上げ時のリスク
　初めての土地での事業立ち上げの場合、計画がスケジュール通りに進まず、予定外のコストが生じることがある。

イ）「王子製紙」は、2003年に中国工場の建設に取り掛かるも、現地の規制による諸認可取得が長引き、1,400億円を投じた工場の生産開始は2011年と遅れてコスト増大。事業計画の達成が思うようにいかず、2016年3月、551億円の減損損失を計上するに至った。

ロ）化学メーカーの「トクヤマ」は、2008年11月、マレーシアに多結晶シリコン製造工場の建設を計画したが、工場建設、事業立ち上げが予定通りに進まず、最終的には、それまでのコストをすべて損失計上し撤退した。

ハ）建設会社の場合は、大型の長期間にわたる工事が直接投資同様のリスクの対象となるが、受注した事業が大幅な採算割れとなって、後年の巨額損失計上に繋がったケースが少なくない。
　「大林組」は、2005年受注のアラブ首長国連邦における「ドバイの無人鉄道システム建設」において、受注後の設計変更などから大幅な採算悪化を招き、2010年度決算、500億円を上回る欠損となった。
　「鹿島建設」を主幹事とする、アルジェリアにおける高速道路建設（受注金額5,400億円）では、2006年の工事着工以来10年経過しても完成せず、2016年に400キロの工事区間のうち100キロを残して撤退するに至った（損害金の程度については未公表）。
　「千代田化工建設」が2014年に受注した、米国における液化天然

ガスプラント建設事業（「通称キャメロン」受注総額60億ドル）において、受注後の地元建設人件費高騰などの要因によって、2018年度中に850億ドルの追加費用が生じ、期中1,000億円を超える赤字計上を余儀なくされた。

2）汚職・腐敗・贈収賄とのかかわり

海外で事業展開する場合、地元の商慣習からこのような事態に巻き込まれることもありうるが、露見した場合には、巨額の制裁金支払いや、重い刑事罰に至る恐れが大であり、絶対に回避するよう努めねばならない。

発展途上の国々では、新たに得られる利益の社会配分をめぐって、私的配分が横行し、軍・警察・税関・税務署など当局との非公式的付き合いを欠かすと業務が成り立たないケースもある。はなはだしい場合、正常な商いのなかで、キックバックが日常化している社会もある。

米国では「海外腐敗防止法」によって、国際取引における海外政府関係者への贈賄を禁止している。対象となるのは米国で事業を営む企業と、米国証券取引所に証券の発行登録をしている海外企業すべてとなる。ここで違反が発覚すると巨額の制裁金を科される可能性がある（近年複数の国において不正支出が発覚したシーメンス社〈独〉は20億ドルを超える制裁金を科せられた）。

3）談合

談合は、独占禁止法上の犯罪として刑法の対象となり、現地当局から巨額の制裁金を科せられるケースが後を絶たない。

わが国企業の場合、業界内の付き合いから情報交換が行われることがままあるが、海外においては日本人同士の付き合いとして、飲食などを同業他社の幹部同士が共にすることも、現地や他国企業からは疑惑の目をもって見られ、当局から捜査対象とされることにもなりかねない。

4）社内不祥事

　不祥事を起こすのは、現地社員、派遣社員どちらのケースもあり得るが、問題を起こす社員のレベルも、幹部クラスから担当者レベルまで、種々のケースが報告されている。

　なお、事業運営が軌道に乗る以前の不安定な段階においては、社内不祥事を対象とする保険を掛けるという手段もある。

イ）派遣社員幹部の横暴

　　海外の職場においては、異文化の社員と接することによる職場ルールへのはき違えなどから、国内よりも多く発生する可能性があり、危険度も高い。パワーハラスメント、セクシャルハラスメントなどは、1件のささいな事件が、大規模なストライキに発展するなど、巨額な賠償金やその企業イメージの失墜につながる事例は後を絶たない。

ロ）ディーリング失敗の隠蔽

　　a）1991年に発覚した住友商事社員による銅地金不正取引は、10年間の長期にわたって行われ、最終損失金額2,852億円と巨額なものであった。

　　b）1995年、当時の大和銀行藤田頭取は記者会見で、同行ニューヨーク支店資金為替ディーラー（現地雇いの日本人）の「米国債取引の失敗で11億ドル（約1,100億円）の損失が発生した」と公表した。この問題はその後、同行のニューヨーク支店閉鎖、米国市場からの撤退に繋がっていった。

　　c）2006年、三井物産シンガポール子会社契約社員トレーダーによるナフサ取引における損失隠ぺい（96億円の損失発生により、同社は決算見通しの変更を迫られた）。

ハ）横領

　　営業部門、会計部門、資材部門などのケースが多い。多くは公表されないままに処理されるが、社員による横領は多くの企業が大なり小なり経験している。その規模は些細な誤魔化しから、時として

企業の存立に関わるような巨額に上る場合もあると言われる。

　正しい会計は、社内の「規律の要（かなめ）」である。社内の伝票一枚一枚の動きを通して、社内の不審な取引や、不正を感知し、予防する牽制的役割が重要であるが、本社から派遣された社員にとっては勝手が違う海外の職場で異常を察知することは容易ではない。信任を置いていた現地会計責任者、あるいは会計担当者から裏切られて、目立たぬ金額の横領が行われている事例や、時として現地人幹部による巨額不正によって拠点運営の根幹を揺るがせるような事例まで、現地駐在の国際会計士などからときおり聞かされる話題である。

　会計の意図的不正は現地社員による場合だけでなく、本社派遣幹部による場合もある。幹部社員による業績悪化隠蔽が突如明らかになり、本社グループ全体に悪影響を与えた不正決算の事例もある。2009年に合併発足した「JVC・ケンウッド・ホールディングス」のケースでは、合併統合に伴う精査の段階で、欧州テレビ事業における過去の巨額の未処理営業経費が明らかになって、合併の初期段階における大きな問題となった。また「富士フイルム」では、最大事業部門である傘下の「富士ゼロックス」の海外拠点による大規模不正決算が明らかになって、処理のためにグループ全体のリストラクチャリングが行われた。

5）労使トラブル

　労使に関わる問題としては、「従業員個人との関係」と「労働組合問題」に分けて述べる。

イ）従業員個人との関係

　主として給与面での問題が多い。

　a）現状の給与水準に不満がある場合

　　現地の同業他社との比較において不満が発せられることが多い。

　b）同僚との格差

　　従業員への給与情報は、職場内では容易に漏れて、その格差か

ら不満が起こりやすい。

　　c）現地内部責任者による不平等な扱い

　　　　人事管理を任せてある現地内部責任者の恣意的な評価、不平
　　　等、或いは不明朗な扱いから、トラブルが生じる。

ロ）労働組合問題

　　労働組合との関係は、単に社内におけるコミュニケーションの問
　題だけでなく、社外労働団体とのつながりからも紛争が持ち込まれ
　ることがある。

　　また国情にもよるが、外部の政治団体が社内の労働組合とつなが
　りを持って、経営陣に不当な要求を突き付けてくる場合もある。

6）企業内情報、技術情報、漏洩のリスク

　　企業内情報、特に顧客リストの漏洩などは、現地ライバル企業から
　の仕掛けによって、自社社員による不祥事に発展することもある。

　　現地において採用し、教育した社員が退社して、ライバル企業に就
　職することによっても技術やノウハウが流出する。

7）大規模リコールのリスク

　　製造子会社工場おける技術・製造の問題は、工場建設から稼動開始
　以降も、本社の技術、製造部門によってリード・監督されることが多
　いが、現地における開発・設計への関与の度合が大きくなるにつれ
　て、本社の認識との間に乖離が生じるようになる。その結果、当初は
　国内レベルでのコントロールをしてきた品質が維持できなくなり、あ
　る日、不備が突然表面化して問題となるのである。

　　現地部品を生産体制に組み込む際には、部品性能のばらつきのリス
　クも想定しなくてはならない。

　　企業買収で、現地企業の工場を買収して自社工場として運営する際
　には、新たに自社技術との整合性が必要となる。

　　以下、いくつかの事例を紹介するが、問題が発生するとその広がり
　は国内外に及ぶこととなり、全社的被害の広がりは巨大となる。従っ

て海外の運営についても本社技術部門・製造部門による不断の指導・チェックが必要であり、その前提として、日頃から本社と現地製造部門とのコミュニケーションの維持が肝要となる。

　乗用車リコールの問題は国内、海外共に重要である。日本国内におけるリコールの原因は、設計が70%、製造段階で30%と言われるが、これが海外の場合には、さらに加えて、現地国における標準規格との整合も要求される。

イ）ブリヂストン/フォードの場合

　当社の海外事業展開の中で過去最大の直接投資は、1982年の米国現地工場生産と、1988年の当時米国第2位のファイアストン社買収であった（買収価格3,332億円）。しかし買収後の1999年にファイアストン製タイヤを装着したフォード車が起こした事故から大量リコール訴訟に発展し、多額の回収費用と約13億ドルの和解金を支払うなど困難な歴史がある。

ロ）トヨタ自動車の場合

　2009年から2010年にかけて米国において発生したトヨタ車に対する大量リコール（無償回収・修理）問題は、米国司法省に約1,200億円の和解金と、米国運輸省への和解金3,400万ドルと、民事の集団代表訴訟（クラスアクション）3件への支払いが加わる。このような事態は、次第に米国政府や民間における過剰反応であったとの気配が広がって、その結果、決着が進んでいるが、当社は一時期全米規模の批判の的となり、その過程で有形無形のダメージを受けた。

　同社にとってのリコールはその後も続き、2012年には743万台のリコールを行ったが、その原因として挙げられるのはスイッチ1部品の不具合からと言われ、このような事態の発生は、世界的な部品の共通化が原因とも言われている。

　当社は、この種の問題発生への反省として、米国のみならず全世

界的課題であると認識して、世界的規模での「危機対策委員会」を
設置して対応、さらに北米、欧州、中国など主要市場に新たに設け
た「グローバル品質特別委員会」を通じて、世界5地域に品質特別
委員（チーフ・クオリティ・オフィサー）を配置した。また海外現
地法人に大幅な権限委譲を行って、地域ごとに事業計画を推進する
体制とした。

ハ）「タカタ」の場合

　エアバック、シートベルト、チャイルドシートなど自動車用安全
部品のわが国トップメーカーであった当社は、特にエアバック世界
第二位のメーカーとして、わが国自動車メーカーのみならず、欧米
企業とも深い取引関係にあった。

　当社の米国における事故は2008年頃から報告されていたものの、
本格的な対応がとられないまま、2015年、米国運輸省国家道路交
通安全局から、リコール、情報開示の不備を指摘されて2億ドルの
制裁金を科されるに至った。また当社と長年の親密関係にあった
本田技研工業との取引が打ち切られるなどした結果、2017年6月、
経営破たんに至った。

ニ）「カネボウ」の事例

　当社は2005年、中国での輸入化粧品販売に関して法令違反の指
摘を受けて、全商品を一時期店頭から撤去する事態を経験してい
る。

8）取引先の信用不安

　土地勘に乏しく不案内な場所での取引では、取引先の正しい信用状
態を得ることは容易でない。

　現地に拠点構築して営業拡大することは、わが国から輸出するより
も現地の状況を理解しやすいとはいえ、積極策がかえって思わぬトラ
ブルの原因となる場合もある。

みずからの経験による現地情報の積み重ねが大切となるが、対応の一つとして、状況に応じた事業保険を付保するという判断もある。

⑶ その他のリスクについて　―「天然鉱物資源開発のリスク」を中心に―

これまで「海外直接投資」に関わるリスクについて、２種類に分けて述べてきたが、リスクはどこにも、思わぬ形で潜み、複合的にからんでいて、定型的に説明することはむずかしい。

そこで本項では複合的な原因によるリスクの代表例として「天然鉱物資源開発のリスク」について述べておく。

石油油田・天然ガス田、石炭、鉄鉱石・非鉄金属などが対象となる天然鉱物資源の海外における開発には、巨額の資金を長期間にわたって投資することが求められるが、その間、常に多種の複合的なリスクに晒されることになる。

１）資源国の長期にわたる政情安定

「天然鉱物資源開発事業」は、長期間にわたって資源国の同意を確保してゆかねばならないことから、国際政治面でのリスク要因も大きい。投資は、正式な国際的契約の下に行われることとはいえ、時代とともに国際情勢や、国内政治情勢の変化、ナショナリズムの高まりなどによって事業の安定的継続は脅かされる。この種の事業はうまくいけば大成功であるが、巨額の打撃を被るリスクも大きいのである。生産国の政治的・経済的・社会的安定性に加えて、合弁先企業の安定性も考えねばならない。

「国際石油開発帝石」は、2008年に生産開始したイラン・アサデガン油田の開発事業が、2010年、複雑な国際政治情勢から撤退決断已む無き情勢となった。本件は当初、当社とイラン側 NIOC の参加権益の比率が、国際石油開発75％、NIOC 25％でスタートしたものの、その後イラン政府の要求によって10％対90％に変

更となった経緯があるが、さらに最終的には、撤退せざるを得ない事態となった。

2）充分な埋蔵量が確認されるかどうか、開発技術は確かか

　投資はまず利権料の支払いから始まるが、巨額の利権料を支払って始めた探鉱でも、対象鉱物の十分な埋蔵を発見することの確率からして高くは無い。

　探鉱前の段階では、理論的あるいは技術的な埋蔵量が確認されたとしても、掘削・開発コストや、流通拠点に至る運送コストなど、すべてのコストを見込んだ採算性の観点からの確認が重要である。

　永年にわたる世界各地の資源開発の結果、今日残された油田・ガス田は、深海と北極など、高度の技術と資金を要する場所に限られるようになり、これまでに較べて技術的ハードルが高くなっている。

　掘削技術の採用は、主契約者（メインコントラクター）が選択するが、主契約者は責任と資金の規模が巨大なために、わが国企業の参加は海外のメジャーと呼ばれる米英企業によるプロジェクトへの部分投資に留まっている。

　2010年4月、米国メキシコ湾において「BP社（英国）」が主導する海底油田開発は、掘削設備の爆発事故を引き起こし、流出した原油は海洋を広範囲に汚染。この事故に対して米国政府、ルイジアナ州など近隣5州、関連する400の自治体から巨額の罰金、賠償金、汚染除去費用の支払い請求を受け、その結果、訴訟費用を含む支払い総額数百億ドル（推定）に上った。わが国の「三井物産」は、そのプロジェクトに関連会社「三井石油開発」を通じて10％、ノンオペレーター（非主契約者）として参加していたため（「三井石油開発」の「BP社」との契約内容は知り得ないものの）、契約条件に対応した支払い分担となったと言われる。

3）市場価格と外国為替の長期安定が望まれるが

　開発・生産の過程では、相場の変動によって現実の採算が変動することを覚悟せねばならない。仮に将来相場が逆風にさらされてもどの程度持ちこたえられるか、生産物の国際価格が採算に合うかどうか、

長期間安定的か否かなど、あらかじめよく検討しておく必要がある。

　産出物は総じて国際商品であり、それに対する世界的な需要と供給の量、そこから決定される商品価格は、外国為替相場変動の影響もあり、自社のコントロールの限度をはるかに超える。

　原油の国際価格が急低下した2014年後半には、石油・天然ガスのみならず石炭などエネルギー資源開発事業は大きな打撃を受け、それに伴い関連するエネルギーや総合商社などの企業は海外直接投資に関して巨額の減損を計上するに至った。これらの減損は、もしもその後に資源価格が回復上昇すれば反対に利益向上に貢献する性格のものではあったが、会計処理上の計上を免れることは出来ず、未曾有の赤字決算処理をやむなくされた企業もあった。

主なエネルギー・鉱物資源開発企業の減損損失（のれんを含む無形資産の償却を含む）

	2015年3月期	2016年3月期
（エネルギー・鉱物資源会社）		
JX ホールディングス	928億円	3,242億円
出光興産	701億円	814億円
国際石油開発帝石	372億円	477億円
3社合計	2,001億円	4,533億円
（総合商社）		
三菱商事	1,129億円	991億円
三井物産	857億円	1,070億円
伊藤忠商事	87億円	1,261億円
住友商事	2,729億円	516億円
丸紅	1,523億円	1,145億円
5社合計	6,325億円	4,983億円

Ⅴ. グローバルなコントロール体制の構築が必要

　これまで理解を進めてきた海外直接投資をいかにして実現し、発展させていくか。

　海外事業展開において要となるのは、グローバルなコントロール体制の構築である。そのようなコントロール体制の中心として、本社各部の指導が不可欠であるが、現在、わが国企業グループ全体の組織運営に関しては、次の二つの構造的流れとなっている。一つは「事業部を軸とした運営体制」についてであり、二つ目は「ホールディングス（持株会社）化の進行」であるが、これらを前提としてグローバルな体制が構築されるべきか考えていきたい。

　第一の「事業部を軸とした運営体制」について、それぞれの「事業部」は、委ねられた事業の推進責任体として、営業組織、製造工場に加えて、国内外に多くの子会社を保有している。ただし一部の企業、自社の製品・サービスが単一であるような企業は、世界を大きく地域ごとに分けてそれぞれを「地域事業部」としてコントロールしている。

　多くの企業グループにおいて、「事業部」は一つの完結した組織単位であり、その自主独立の運営は海外部分についても当然のことであるが、同じ海外の地に立地する他の「事業部」と没交渉ではもったいない。同じ企業グループ内の組織として、連絡を取り合い、情報交換を維持するべきである。

　第二は、企業の「ホールディングス（持株会社）化の進行」について。本社の傘下における「子会社」は会社として独立性を認められていることもあり、とかく他の「子会社」とのコミュニケーションが疎かになりがちである。

　本来、事業運営の効率化と責任体制明確化を目的として行われた事業

部や子会社化によって、上下、左右に壁を作ることとなるこの傾向は、グローバル組織の運営において著しく、さらに「現地資本との合弁企業」や、「企業買収によって傘下に組み入れた現地企業」の組織への参加によって、コミュニケーションの複雑化や、問題が生じた際の解決を難しくする要因となっている。

　海外活動の比率が高まると、当然のことながら、本社からのコントロールが利きにくくなる。たとえば売上高海外比率が50％ということは、国内外のウェイトが１：１となったという事であるが、67％を超えると海外のウェイトは国内の２倍。そして75％に達すると国内は全体の４分の１に過ぎなくなり、海外が全社を支えるといった状態となる。

　このような認識の下で、本部各部は現地拠点をいかに支えていくべきか、それぞれの役割を考えていく。

１．ITシステムの運営

　海外に事業展開する企業にとって、効率的かつ安定的なITシステムの運用は必須の課題である。広く海外に点在する拠点の、さまざまなシステムを理解し、有機的な運用を目指すには、本部IT部門による統括的なイニシアティブの発揮が欠かせない。

- グローバルネットワーク全般への関与
- IT人材のグローバルな運用について

⑴ グローバルネットワーク全般への関与

　グローバルなネットワークは常に危険に満ちている。「サイバーテロ」、「企業情報流出」、「広域システムダウン」、「IT情報遮断」などは、いずれをとっても企業全体に計り知れぬダメージを与えるおそれがある。

トラブル回避策の採用や、問題発生時の適切な対応など、ITシステム部門の役割は大きい。

1）各拠点ITシステムの理解

　グローバルなITシステムは、環境、機器（ハード）、プログラム（ソフト）、クラウドなど、多角的に理解していかねばならないが、各国のシステム環境が異なる場合は、留意するポイントもわが国と事情が異なってくる。機器の選択も環境の制約下で最適なものを採用するべきであるが、その際にも本社のシステムと調和がとられねばならない。グローバルなITシステムにおいて、プログラムの全てを本社監理のもとに置くのは不可能としても、プログラム構成について主要なポイントを理解しておくことは大切である。

　企業買収（M&A）によって異なるシステムの企業を傘下におさめた場合などは、本社システムとのインターフェイスの在りかたを指導していくべきである。

2）運用状況の監督

　グローバルなシステムを24時間円滑に運営してゆくことも、容易ではない。データやシステムのセキュリティ維持は重要なポイントである。また運用は、しばしば外部委託（アウトソーシング）されていることがあり、その場合は、契約内容、責任体制など基礎的段階から確認する必要がある。また適時、あるいは定期的に現地に出張して点検することも必要である。システム監査との関係において、IT部門による運用と監査は分離されるべきであるが、専門性の高いこの分野で監査の分離のみを論じるのは現実的ではない。IT部門が自らの運営について不断のチェックを行うことは大切である。IT機器の日常的な保守点検についても、検査体制に組み込んで定期的な点検を行っていくべきであろう。

３）現地拠点システムへの関与

　IT 部門が海外拠点と関わるケースとしては、まず「新拠点設立時のアドバイス」、「本社システムをレベルアップする際のグローバルな調整」、「海外企業買収時における相手企業との調整」などが挙げられる。

　海外拠点のシステム開発が本社、あるいは海外拠点のいずれの責任下で行われるにせよ、本社のシステム責任者によるグローバルな観点からの指導、例えば、「クラウドコンピューティングの選択採用」、「大規模（大量の）機器（本体・周辺）の選択」、「基幹 ERP・プログラムの選定」、「主たる開発業者の選択」、「開発したシステム効率の判定と評価」などが欠かせない。

　最適なシステム構築の観点から、膨張しがちな IT 関係コストを抑制しつつ、指導力を発揮することが望まれる。

⑵ IT 人材のグローバルな運用について

１）IT 人材の確保

　現下の企業経営における喫緊の課題は、インターネット技術（IoT）や、人口知能（AI）を駆使した新製品や商品の開発などであり、IT 技術によって生産性向上を図るべき対象となる代表的システムは、以下のように多岐にわたる。

　問題となるのは、IT 人材の確保であるが、海外拠点の製造開発部門や、研究開発部門には、すでに現地採用の人材が活躍している。ここでの採用を活発化させて、人材の能力を引き出し、キャリアを流動化させて、グローバルに通用する人材を充実化していくべきである。

　　a）生産・管理システム
　　b）会計システム
　　c）資金・外国為替管理システム
　　d）物流・在庫管理システム
　　e）販売管理・顧客情報システム

f）サプライチェーンマネージメント

g）人事システム

h）報告・稟議・通達システム

i）基幹系情報システム

j）企業資源計画（ERP ＝ Enterprise Resource Planning）全般

2）ITシステムの職場から、企業文化をグローバル化し、標準化して
いく

　ITシステムの職場では、事業ごと、国・地域ごとに業務が異なっ
て、お互い見ず知らずの間柄でも、同じマニュアルや専門用語を通し
てコミュニケーションを取りやすい。

　有為な人材を、国・地域を超えた異動に組み込んで活用していくこ
とは、企業発展の過程で生じてきた「事業部」、あるいは「子会社」
などの組織的な垣根を取り払う効果が期待される。これはグローバル
に拡散しがちな企業文化の標準化へつながる動きとなり、このような
観点からも IT 部門の貢献が期待される。

２．人事部門の役割

　本社人事部門のグローバル運営における役割については、以下の観点
からの貢献が期待される。

- 海外拠点環境の理解と支援
- グローバル人事データベースの構築

先ず、以下の基本的諸条件を理解することから始めよう。

a）労働法規や労働慣行は、「国ごとに異なる」ものであり、「雇用契
約」、「就業規則」、「労働協約」、「賃金・退職金規定」、「社会保
険」など、いずれも現地の実情を反映して作られるので、同じ企
業であっても国や地域が異なれば異なる対応を求められる。

b）海外拠点には、「現地法人」、「出資先」、「買収（M&A）したばかりの企業」、「支店」などの異なる形態がありうるが、時としてそれら異なる形態の拠点が、同じ時点に、同じ国・地域・都市で活動し、それぞれに本社から派遣員が派遣されるといった場合が生じることもある。

c）現地の「人事・労務責任者」は、本社からの派遣社員が就任しているとは限らず、むしろ「現地国出身者」であるケースが多い。海外における事業運営上、現地人のすぐれた管理者を獲得することは、欠かせないポイントである。

⑴ 海外拠点環境の理解と支援
1）現地職場の実情把握が求められる

　本部人事部門担当者は、適時、海外各地を回り、本社派遣員だけでなく、現地人事・労務責任者との面談を通して以下の状況を把握するべきである。

　イ）本社派遣社員の状況

　　本社派遣社員の定着状況、本社派遣社員と現地雇い従業員とのコミュニケーションの状況などを、現地を定期的に訪れて確認するが、その際に、前項で触れた給与水準など待遇条件の妥当性などについても観察することが出来る。

　ロ）「内部統括管理者（キー・パーソン）」とのコミュニケーション

　　現地拠点の「内部統括管理者（キー・パーソン）」は、本社派遣者が就任している場合もあるが、現地の事情に通じた地元の人材を起用する場合が多い。

　　この「内部統括管理者」が職場運営の要となるので、本社としても面談の機会を作って、お互いの理解を深めておくことが大切である。

　ハ）「労使関係」についての理解を深める

　　現地の労働事情はさまざまであるが、本部として現地の事情をあ

らかじめ心得ておくことは、後日、問題が生じた際の理解の為に有益である。

ニ）「人材トレーニング体制」

　　事業開始前の集中的訓練からはじまり、事業が軌道に乗った後にも、現地幹部社員を継続的に本社・国内拠点に召集することによって、本社・グローバル体制との一体感を高めていくこととなる。

[現地従業員の教育トレーニングの事例]

a）タイにおける公益法人「泰日経済技術振興協会」の施設では日系企業の研修を引き受けている。
　　また、タイの自動車製造技術に関して、トヨタ自動車、デンソー、ホンダ、日産自動車の4社は共同で研修と技能検定を行っている。

b）インドネシアでは、地元企業と日系企業の協同で、「金型工業会」が組織されて現地技術者の養成が行われている。

c）豊田合成は、チェコ投資庁などに働きかけて「プラハ工科大学」の分校を誘致することができた。これにより機械工学系の専門技術者、管理者を確保していくのみならず、同地域に展開するトヨタグループ各社の人材獲得にも貢献している

d）日本郵船は、フィリピンで船員大学を設立し、幹部船員確保につなげている。

e）トヨタ自動車の海外人材の育成・訓練
　　▪ 愛知県豊田市元町工場に「グローバル生産推進センター」を設けて、海外工場の従業員に生産技術を指導している。
　　▪ 同様の施設を、欧州ベルギーと米国ケンタッキー州にある生産拠点に設けて地域の指導を拡大している。
　　▪ カナダでは技能教育拠点としての機能充実を推進中。
　　▪ 中国では2006年に「トヨタ中国学院」を設立して、出資先企業の管理職を対象とした幹部養成機関を設立した。
　　▪ インドでは2007年に（正式な教育機関としての）職業訓練校を設立して、現地技術者の育成に協力している。
　　▪ 同社グループでは本社を中心にQCサークルの推進を図っているが、海外子会社でも同様に導入・運営されている。

f）ホンダ
　　▪ トレーニングセンターをタイ、インドネシア、マレーシア、フィリピンに

設置して人材育成をはかっている。

２）海外派遣社員の生活環境への配慮

「海外派遣社員」（或いは「Expatriate Staff」と呼ばれる）は、「企業グループ海外事業の運営推進の要」となる人材であるが、現地拠点の運営を委ねるためには、社員一人ひとりが安心して働くための人事、労務基盤を確立し、生活基盤を保障していかねばならない。

　すでに永年にわたって海外駐在員を派遣してきた企業では、経験の積み重ねによって、それらの社員に関する諸問題への対応ルールが確立しているが、反面で、不要と思われる旧態前のしきたりが残っている職場も少なくない。

　海外の職場では、自社がみずから立ち上げた「支店」、「現地法人」と、「企業買収（M&A）で傘下に収めた現地企業」では労働条件が異なっても不思議はない。派遣される社員にとっての労働条件は派遣先のものが適用されるが、本社ベースでの労働条件と比較して大きく不利と感じられる場合には、なんらかの調整も必要となる。

　遠隔地になればなるほど、希薄となる本社と現地の間のコミュニケーションを保持し、企業グループの文化を現地事業所に伝えるのは、海外派遣社員の本社に対するいわば「愛社心」に他ならず、その意味で、彼らは企業グループのグローバルな規律の伝道師とも例えられる。

　このような観点からも、グローバル企業における人事・労務制度は、世界全体で整合性が取れていなければならない。

イ）派遣契約

　社員を海外に派遣する場合には、派遣先となる現地法人との「派遣契約」に基づいて行われ、またこれに基づいて、「海外派遣届出書」をわが国の当局に提出するが、ここでは、「派遣企業は、派遣労働者の現地における福祉の増進のための援助をする」とされている。

また企業と派遣社員との間では、国内における雇用契約に基づく派遣命令に加え、追加的な「派遣契約」が結ばれてしかるべきであろう。

ロ）海外勤務手当

　給与・手当面での処遇に関しては、派遣先における生活環境、家族、或いは単身赴任者への配慮、インセンティブ等を考慮して、あらかじめ定められた社内規定に沿って決められるべきである。この考え方は、古くから社員の海外派遣経験のある欧米の多国籍企業においても「派遣者給与パッケージ」として定着している。

　この問題は、「現地生活水準」と「国内給与水準保証」の二つの観点から捉えられる。

　「現地生活水準」の観点とは、派遣社員は、現地における生活が多少の不便はあるにせよ、「少なくとも日本国内で生活していた程度の水準は保証されてしかるべき」との考え方で、他方、「国内給与水準保証」の観点とは、社員は、派遣によっても「生涯賃金の観点から不利を被ることはない」との考え方である。

　「海外勤務手当の体系」は概して以上の観点に沿って作られているが、さらなる配慮も必要となる。例えば、「家族を日本（本国）に残して赴任する単身赴任者と、留守家族への支払い」、「買収企業への派遣の場合、派遣先企業の給与水準との調整」、「本社採用外国人の海外派遣の場合」や「海外拠点の現地社員の他国（日本を含む）への派遣の場合」など種々の対応が要求される。調整手段としての海外勤務手当の体系は、これら諸要因を考慮した上で構築されねばならない。

　その他にも、派遣社員への給与以外の処遇に関しては、次のような課題がある。

　a）住居 —— 駐在員として、通勤の便や、安全性確保の観点から、適切な住宅地に居住するための費用。さらに、住宅購入を勧めるか、賃借するかの選択も課題となる。

b）自家用車 ── 現地における通勤手段確保や生活のための自動車確保（購入、貸与、運転手雇用）が課題となる。

ハ）その他の必要なサポート内容

以上に加えて、以下に関わるサポートも重要である。

a）健康・医療・休暇取得

健康・医療への対策は、「海外赴任前」、「駐在期間中」、「帰国後」と対応が分かれ、本人の場合のほか家族を含め、赴任前の健康診断を行うほか、体質などに合わせた現地の健康管理が可能か否かなども確認することが必要である。

現地においてはその土地の医療水準を調査確認し、病気・診療・入院・薬の入手などの対策を立てておく必要がある。医療技術に優れ、外国人患者の対応に慣れ、日本語・英語での対応が可能な医療機関へのアクセスを確保しておくことが肝要である。近年、欧米の主要都市には、日本人医師が駐在しているが、発展途上国など現地の医療施設に確信がもてない場合には、近隣の先進国において健康診断を定期的に受ける体制とし、その際に一定期間の休暇取得を認めて心身ともに健全を確保するのが望ましい。

現在、「海外勤務が６カ月以上となる場合、その赴任前および帰国後の健康診断が事業者に義務付けられている。」（労働安全衛生規則第45条の２）、また外務省では、主として医療事情に恵まれない任地にある在外公館に医務官（現在約80名）を配置している。これらの医務官は近隣諸国を含めて出張、視察、調査を行っているので、現地の対応について相談してみるのがよいと思われる（外務省監修「世界の医療事情」）。

b）子女教育

子女教育に関しては、「国内と同様の教育を海外赴任中も保証する」というわが国企業に共通した考え方に基づいて、日本人

学校が設立されている。

この範疇に入らない事例、たとえば「日本人学校の無い土地」や、「日本人学校があっても、現地校、あるいはインターナショナルスクールに入れたいという場合」は、各社とも個別の例外として対応している。現地の学校における学期途中に父親が帰国（又は第三国への転勤）した場合の、現地における学業継続の問題などもある。

> 財団法人海外子女教育振興財団の窓口のまとめによると、海外在住日本人子女が利用できる教育施設のうち、「日本人学校」、「補習授業校」、「私立在外教育施設」の三つが「在外教育施設」と呼ばれている。「在外教育施設」の殆どは小・中学校生を対象とするが、中には、高校生や、幼児をも対象とする施設もある。

c）その他の問題

以上の諸問題の他にも、「社会保険に関わる諸問題」、「留守宅管理の問題」や「老齢家族介護の発生」など、個々の派遣員にとっては私的ではあるものの切実な事情が多々あり、その都度本社の親身なサポートが望まれる。

⑵ グローバル人事データベースの構築

人事部門の大きな課題は、発展するグローバル事業展開に合わせて必要な人材を確保するための長期的人事戦略を構築して、推進することにある。

1）グローバル人事データの構築

対象となるのは、国籍を問わず、子会社、合弁会社、買収した会社、支店などの中堅管理職以上のレベルとなる。

まず基本的データを「グローバルなベース」で集めることから始めるが、並行して、国・地域、合弁相手先などによって異なる分類と

なっている「職種」の体系化も行う必要がある。

「処遇」は、給与、賞与、諸手当、有給休暇期間など、国・地域や職場ごとに異なる。そのような条件の下でさらに、所得水準、物価水準およびインフレ率などのローカルな実情をいかに調和させていくか、などが課題となる。現実的には、日本企業他社や、人事コンサルタントなどとの情報交換に頼ることとなるが、本社としては広範、かつ継続的にデータを常時蓄積していくことが求められる。

２）グローバルな人事資格制度の構築

　海外現地法人で採用した有能な社員について、国境をこえた幹部登用への道を開くため、国をこえて人事制度を統一し、「グローバルな人事資格制度」を構築することが望まれる。

　資格は、従業員にとって人生の目標となるものであるが、資格に対応する職位体系を確立することも必要となる。国・地域をこえた配置転換には、就労ビザの取得可能性が条件となるなど、自社だけで解決できない問題もあるが、将来を見据えた理想形を追求することが、有為な人材獲得の鍵となることを念頭に置くべきであろう。

　給与水準など労働条件に関する社外情報としては以下のようなものがあるが、国際機関などによる各種調査資料では、職種、年齢などの基準が異なっており、給与金額が地元通貨で表示されていて、比較のためには換算せねばならず、また支給単位が国によって、時給、週給、月給と異なるなど、一般的情報を得ることは容易ではない。

- 国際労働機関（ILO）"Yearbook of Labor Statistics"の統計資料、「STATISTICS ON OCCUPATIONAL WAGES AND HOURS OF WORK AND ON FOOD PRICE」
- 「国際労働機関（ILO）—— International Labor Organization」
- 「国際連合」「EU統計局」「国際通貨基金（IMF）」「経済協力開発機構（OECD）」「国際復興開発銀行（世界銀行）」「各国の統計局」などが、労働力、失業、労働時間、最低賃金などの指標を発表している。
- わが国の「独立行政法人労働政策研究・研修機構」（平成15年10月、独立行政法人労働政策研究・研修機構法に基づいて設立された）による「データブック・国際労働比較」は毎年、この分野のデータ比較をまとめており、分

かりやすく、世界各国の傾向やその時々の諸問題を理解するのに便利である。
- 民間機関の情報源としては、「マーサー・ジャパン（本社：米国)」、「日経リサーチ」、「NNA 社」などが知られている。

3. 経理部門（会計・税務）

　本社経理部門は、グローバルな拠点運営に関して、「会計」と「税務」、両面について目配りすることが求められる。
「海外直接投資」におけるこの部門の役割については、すでに、「2）企業買収（M&A）チーム発動」（P. 64）や、「3）税金」（P. 107–110）において述べてきたが、ここではそれ以外の、以下の諸点について述べていくこととする。

　［会計］
　本社会計部門に求められるグローバル運営上の役割として、次の2点が挙げられる。

- 連結決算の作成時におけるリーダーシップの発揮
- 海外拠点における社内規律保持の役割

1）連結決算の作成時におけるリーダーシップの発揮
　拡大するグローバル企業の本社会計部門の最大の使命は、何と言っても、正しい連結決算の速やかな作成にある。
　決算は、年次だけでなく、月次、四半期と息をつく間もなく、対象となる拠点は、広範にわたり、国・地域により会計ルールが同一とは限らない。
　海外拠点における会計業務の IT 化は、日常の「支払い業務」、「入金管理」、「諸報告作成」に加えて、人手が掛かる「在庫管理」や、「棚卸点検」の自動化での効果も期待できる。

IT化にかかわらず、世界中すべての拠点における会計業務が遺漏なく正確に処理され、遅滞なく決算報告がなされるように、本社のリーダーシップ発揮が期待されている。

2）海外拠点における社内規律保持の役割

海外拠点の会計部門に求められる機能の一つは、現地拠点内の規律保持にある。しばしば報告されることであるが、会計不祥事の多くは些細な支払い業務からスタートして、知らぬ間に巨額な損失に発展する。そこで関与するのは、会計の末端担当者から上級責任者までいろいろなケースがあるが、原因の多くは社内規律の乱れから始まる。

このコントロールは現地拠点の経理責任者の権限となるが、税理士、会計士にも指導を委託できる。また、社内の内部検査について、真に牽制効果が発揮されるように、担当部門と連携していくべきである。

海外拠点運営に経験の長い総合商社は、伝統的に現地に派遣する会計担当者は本部会計部門の傘下に所属せしめ、事業部門から独立した監視体制をとって効果をあげている。

前段で述べたIT化による「支払い業務の明瞭化」は、社内規律保持、即ち不祥事防止の効果の観点からも推進されるべきである。

戦前から海外事業展開に経験の深い「三井物産」では、伝統的に各事業部門の外に牽制的な役割を「経理部の独立」に課している。即ち、経理部員は、同じ拠点内で活動する事業部門長から独立しており、直接に本社経理部長に報告し、最終的に経理担当副社長につながって、成果報告を行うと同時に不祥事防止面での役割をも担っている。

［税務］

税務面において、本部のグローバル経営上の役割として、以下の2点について述べておく。

- 「移転価格税制（Transfer Pricing）」への対応
- 関税へのかかわり

1)「移転価格税制（Transfer Pricing）」への対応

　本社、海外拠点の経理担当部門に共通する「税務」での関わりにおいては、「移転価格税制」への対応が最も重要である。
「移転価格税」は、現地における課税問題だけでなく、本社とわが国国税当局、或いは、他の国に立地するグループ拠点と現地税務当局との課税問題ともからむ、いわば国家間の徴税権の争いという意味合いがあり、企業にとっては、内外一致して解決に当たらねばならぬ重要な問題である。

　「移転価格税」とは、グループ企業内の拠点間で取引される同一商品・製品の価格は、外部一般顧客に対する価格と同じでなければならない、とする原則が破られたと判断された時に発生する。
　すなわち、本社を含む自社グループ内の取引価格が、外部一般顧客に対する価格と異なる場合には、グループ内で意図的な利益操作があると認定されて、その差異が課税対象として発生する。
　グループ内企業間取引における価格面での差異は、往々にしてグループ内の戦略から生じるが、一方の拠点（A）が立地する地元の税務当局にすれば、企業（A）が他国・地域の拠点から「高く買う」場合には、「隠れた利益を相手方に供与」して、自社の利益を下げ、結果的に節税しているのではないかと判断して、追加課税する根拠となる。同様に「安く売る」場合にも、相手方に利益を供与していると判断される。

　この問題への対応としては、グローバルな観点から、各製品について自社グループ内の統一価格（「独立価格」と呼ぶ）を設定しておくことが必要である。
「独立価格」設定の過程においては、理論的な説明資料として社内の

適切な文書化が欠かせない。具体的には、世界各地との取引実態（取引関係図、製品別の価格、コスト、含まれる技術指導料、ロイヤルティーなど）を矛盾無く説明できる資料を作成し、文書化し、その上で、税務当局に説明し、了解を得ることになる。

　このような作業は、商品ごとに問題となって実務的には極めて負担が大きいが、その実務的な解決方法として、近年の傾向では、「事前照会制度」を採用する国が増えている。

「事前照会制度」は、あらかじめ自社グループ内における「独立価格」について現地税務当局に相談、説明して了解を得ることによって、その後の納税申告を円滑に進めることが出来る制度である。

　以上の一連の作業は、本部主導の下、関連するグループ各社の連携が必要であることは言うまでもない。

２）関税へのかかわり

　海外拠点にとって関税は、まず拠点設立の際に検討される問題であるが、拠点が設立された後も、国・地域間の貿易交渉等の結果として関税の変更が行われると、企業にとってはこれまでの事業環境の変化につながる事態となる。

　これは時として、企業グループ全体のサプライチェーンの修正へとつながる問題でもあり、関係する拠点からも対応について本部の指導が求められてくる。

　本社経理部門としては、関係する事業部門、海外拠点との協議を通じて、賢明な対応策を取りまとめるために、主導的な行動が必要とされる。

［補足］子会社における利益処分について

　連結決算を開示する企業において、納税は国・地域ごと、各社ごと、非連結で行われる。納税後の利益処分については、それぞれの企業の株主総会によって決定される。海外拠点の利益を、決算のつど本社に配当として支払うか、あるいは現地に留保しておくかに関して

は、企業ごとの基本方針に基づくことになるが、次のような判断も行われる。

　現地子会社の余裕資金や決算利益金を可及的速やかに本社あてに送金させて回収すれば、外国為替の長期リスクはその分だけ減少する。

　一方、現地に留保しておけば、現地におけるさらなる投資機会が生じた際に機動的に対応する原資ともなる。

　なお、この件に関するわが国税務当局の対応は、海外子会社（出資比率25％以上の）から本社あてに送金される配当金の95％について益金不算入、すなわち法人税対象外とされており、前述の判断を行う上での障害とはなっていない。

4. 財務部門（資金・外国為替）

　グローバル企業は、世界の金融の流れを常に油断なく把握し、その変化へすばやく対応することを求められている。「海外直接投資」におけるこの部門の役割については、以下の諸点について述べる。

- 海外拠点活動のための資金調達
- 外国為替相場のウォッチャー

(1) 海外拠点活動のための資金調達

　海外拠点設立、あるいは増資の際の資金調達は、「本社からの出資」、「子会社からの出資」、「現地留保分の充当」などの形で行われるが、その為の最適な資金調達をアレンジすることが財務部門の役割となる。長期にわたる投資目的であるから、資金調達は基本的に長期資金（長期借入金、社債発行、或いは増資など）が望ましい。

　その際に、投資先の通貨、或いは、それとリンクする通貨を調達することが出来れば、本社連結バランスシート上の外国為替リスクを回避することが出来る。

　海外拠点が事業開始した後に必要となる運転資金の調達について

も、本社は親会社としての信用を利用して、現地金融機関との交渉に影響力を及ぼすことができる。

⑵ 外国為替相場のウォッチャー

外国為替相場は、グローバルに事業を運営する上で、欠かすことのできない関心事であるが、その変動は、投資した現地子会社の事業運営にとっても大きな影響を与える。

即ち、海外現地子会社は常時、「所在国・地域の現地通貨」と、「本社や他の拠点との決済に使用する通貨」の二つを念頭において行動している。その場合、一定期間固定した外国為替レートを前提として、資材、部品の輸入を行い、製品を輸出するが、外国為替相場が大きく変動すれば、即座に仕入面、販売面で直接的な影響が発生する。

本社財務部門は、日頃から構築したグローバルな情報網と蓄積した分析能力によって、外国為替相場を注視し、社内全域にその情報を提供し、対応についてアドバイスすることを求められているが、現実には、拠点間に時差が働くなど、各国・地域の地場通貨の動きについてまで本社がフォローすることは難しい。

そのような観点から、多くの企業においては、世界の主要な金融市場に子会社・支店を設け、専門部門・社員を置いて全体の資金調達・運用・外貨決済などの「集中管理」を行っているが、本社としては、それら全てを含めて全体の見解を常時とりまとめ、大局的な指示を行っていかねばならない。

過去の記録に残る通貨価値変動の経験は、以下に列挙するように、企業運営にとって正に激震という表現に相応しい。

外国為替レートは日々、常時変動し、時として突如大きく変動する。投資した国の通貨価値が円貨に対して弱くなれば（円高になれば）投資した資金の円貨価値が低下して、企業全体（連結財務諸表上）の価値を引き下げるが、反対に投資した国の通貨価値が円貨に対して強くなれば（円安になれば）企業全体（連結財務諸表）の価値を引き上げることになる。

なお外国為替相場の変動は、企業運営上避けることのできないリスクである反面、状況や対応次第では、チャンスをもたらす要因であることも忘れてはならない。

［注］過去に経験した通貨価値激変の事例
１）対米ドルの事例
　　円とドルとの関係において、戦後３度の大きな米ドル価格急落を経験している。
　　a）1971年８月15日に突如、米国大統領によって発表された「米ドルと金の交換停止」は、第二次世界大戦後、米国を中心とした通貨秩序を支えていた「ブレトンウッズ体制」の崩壊、そしてわが国にとってはそれまで続いた１ドル＝360円を基とした固定相場制から変動相場制への移行を意味していた。
　　　　いわゆる「ニクソンショック」と呼ばれた金融市場の混乱の中で、相場は1971年から1972年を通じて試行錯誤を重ねながら円高へと進み、さらに1973年２月には１ドル＝300円を突破して、一挙に270円まで進んだ。
　　　　これによってわが国の経済界、金融界は、到来した円高への対応だけでなく、それまで経験したことのない通貨価値が変動する変動相場制の世界に否応なしに適応を迫られることとなった。
　　　　例えば1975年、インドネシア、スマトラ島における電力開発、アルミ精錬事業は、総工費4,110億円のすべてが円資金で調達されたが、その事業収入は米ドル建てのアルミ代金であったため、当初の交換率１米ドル＝308円が年とともに徐々に低下する間、事業開始後の稼動は順調であったにもかかわらず、巨額の赤字を計上する事態に陥った。

　　b）1985年９月22日、ニューヨーク、プラザホテルにおいて日・米・英・独・仏５カ国蔵相会議により合意が成立した「プラザ合意」も大きなドル高是正（すなわち大幅な円高）をもたらした。
　　　　当時、永年にわたる米ソ軍拡競争に疲弊した米国経済は、この年、世界最大の債務国へ転落し、さらに、1987年10月19日(月)のブラックマンデー（ニューヨーク証券取引所における株価大暴落）へと繋がっていった。
　　　　　　1985年６月　　　249円
　　　　　　1985年12月　　　200円
　　　　　　1986年６月　　　164円

1995 年 5 月　　　83 円

「プラザ合意」以降、急速に進んだ円高は、1988 年から 1990 年にかけて
わが国に「バブル」をもたらした。この「バブル」は 1991 年に崩壊し
たものの、円高の進行はとまらず、1995 年 5 月にはついに 1 ドル＝ 83
円を記録するに至った。これらの動きを通じてわが国経済は、長い「失
われた 20 年」へ突入することとなった。

c) 2008 年 9 月、米国投資銀行「リーマンブラザース社」の倒産に始まる世
　界の金融混乱、経済低迷を受けて 1 ドル＝ 100 円を切る円高状態が発生
　し、約 5 年間にわたって持続した。

　　　2007 年（年間）　117.6 円
　　　2008 年（年間）　103.3 円
　　　2009 年（年間）　 93.5 円
　　　2010 年（年間）　 80.6 円
　　　2011 年（年間）　 79.6 円
　　　2012 年（年間）　 79.7 円
　　　2013 年（年間）　 97.5 円
　　　2014 年（年間）　108.1 円

2) ドル以外の通貨価値激変の事例

　a) 英ポンドの長期的凋落

　　戦後数回のポンド危機の後、1964 年悪化、1965 年 IMF から 24 億ドル借
　　入。1967 年 11 月、2.8 ドル / ポンドから、2.4 ドル / ポンドへ 14.3％切り
　　下げられた（これに伴い、円との交換比率も、1 ポンド＝ 1,008 円から
　　864 円となった）。

　　基軸通貨としての地位を失ったポンドの弱体化はその後も進行し、その
　　間、円が段階的に切り上がったこともあり、2016 年 6 月の英国 EU 離脱
　　宣言後の今日（2017 年）では、1 ポンド＝約 150 円近辺となっている。

　b) 1997 年、アジア金融危機

　　1997 年 7 月、タイにおいて発生してまたたくまにマレーシア、韓国、
　　フィリピン、インドネシアへ波及した。これらの諸国においては、金融
　　市場が半ば崩壊したことによってアジア地域経済全体に大きな悪影響を
　　及ぼした。その中でわが国企業の現地子会社運営も、厳しい金融規制の
　　もとで資金繰り悪化や、急落する現地通貨への対応など経営上の困難に
　　直面した。

［各国通貨価値の変動］
                          1997年6月末   1998年6月末
　　タイ　　　　　　1米ドル＝24.9バーツ　　　1米ドル＝42.1バーツ
　　韓国　　　　　　1米ドル＝895ウォン　　　　1米ドル＝1,389ウォン
　　インドネシア　　1米ドル＝2,328ルピア　　　1米ドル＝13,177ルピア

　　c）南米諸国の経済・通貨危機
　　　　1976年、アルゼンチンでクーデターにより独裁政権が誕生。その後、
　　　1982年にフォークランド紛争に突入したものの、英国に敗退したことに
　　　より国内の経済・金融が破たんして、1983年に千分の一の大幅デノミを
　　　実行するに至った。
　　　　アルゼンチンに端を発した政治混乱は、その後、南米全域、ブラジル、
　　　チリ、ベネズエラなどに広がり、各国におけるハイパーインフレーショ
　　　ン、国家デフォルト（債務不履行）、デノミなどの混乱と試行錯誤を繰
　　　り返し、2000年代に入って徐々に落ち着きを取り戻している（但し、ベ
　　　ネズエラでは混乱が収束せず今日に至っている）。
　　　　わが国は、戦後の早い時期からブラジル、ペルーなどの諸国に投資して
　　　きたが、これらの混乱によって思うような先行投資のメリットを得られ
　　　ないでいる。

5．法務・コンプライアンス

「法務」と「コンプライアンス」は、通常、独立した別の部門として位
置付けられているが、グローバルな企業運営の観点で見ると、これらは
重なる部分が多く、また連携した活動の方が効果的であるので、ここで
は同じ項において取り上げる。

　［法務］
「海外直接投資」における「法務部門」の役割は二つ挙げられる。

- 海外案件についての「現地弁護士との連携・指揮」
- 各国・地域の法務事情に関わる情報収集と理解

1）海外案件についての「現地弁護士との連携・指揮」

　海外事業は基本的に国内とは異なる「現地法制度」がベースとなるので、現実の案件対応としては、現地の資格をもつ弁護士・弁護事務所の協力が必要になる。

　そこでの本社法務部門の役割は、全社的な観点からの状況判断、さらにアドバイスを行うことにある。

　訴訟内容は、種々の契約に関わる問題解決をはじめ、「労働問題」、「人権保護」、「国際課税」、「独占禁止法」、「知的財産権保護」、「個人情報保護」、「株主代表訴訟」、「環境訴訟」など様々である。

　海外における訴訟事件は大規模、かつ巨額の損害賠償請求が伴い、取り扱いを誤ると大きな打撃を被る恐れがある。

　このような事態に対応するには、通常であれば、あらかじめ顧問契約を結んだ弁護士、或いは弁護士事務所や、現地拠点の判断によって選ばれた弁護士・弁護士事務所が担当するが、本社「法務部門」も現地事情を展望し、事案を理解したうえで、規模・賠償金額などの見通しを立てることによって、経営判断の助けとなることが要請される。

　他方、海外企業を買収（M&A）する際には、国内外にネットワークを有する専門性の高い法律事務所の力を借りることとなる。巨額の投資案件について、外部弁護士とスピードある対応をすることは、日頃から自社のスタッフをそろえて体制を敷いておかねばならない。

　「海外直接投資」における「投資スタート時点」には、「現地の法制度」（「会社設立に関する諸法制」、「会社の内部運営に関する諸法制」、「事業運営に伴う対外諸法制」など）の確認を行うほか、現地拠点による「顧問法務事務所の選定」にあたっても、アドバイスを行うことが期待されている。

2）各国・地域の法務事情に関わる情報収集と理解

　各国・地域の法務事情の理解については、現地の拠点がみずから事業運営に必要不可欠な法務事情に精通するばかりでなく、本社においても、常日頃から現地情報の入手、分析を通して国・地域ごとの問題

を理解し、求めに応じてアドバイスができる体制の構築が望ましい。

［コンプライアンス］
　コンプライアンス部門は、グローバル企業にとって「規律の中心」である。

　海外事業を展開する企業にとっては、海外子会社の不祥事でも本社の責任を問われる原因となる。

　わが国では「コンプライアンス」に「法令遵守」の訳語をあてて、部門の役割を「企業活動を行う上での会社と社員による『法令遵守』を取締役会レベルで確保する事」としているが、企業の社会的責任（Corporate Social Responsibility ＝ CSR）が強く問われるグローバルな経営環境下では、なによりも先ず、現地の法制度・法環境の下での安定した事業運営が確保されるような社内体制が構築されねばならない。

　本書では、原点に戻って、グローバルな規律維持の観点から「ルールを守る」ということの重要性に立脚し、以下の２点について述べ、さらに［補足］として「社内言語の在りかた」について取り上げる。

- 守るべきルールの範囲
- 守るための制度の構築

１）守るべきルールの範囲
　認識すべき範囲は、企業を取り巻く外部条件としての規範を「社外ルール」と、それらを基本としてみずから定めている「社内ルール」、さらには「国際世論への配慮」の三つに分けられる。

イ）社外ルール
　事業運営上遵守せねばならぬ「社外ルール」として、以下を挙げることができる。

a）法律（国・地方）、当局規制・指導

社会一般の法律および自社の事業に関わる関係業法はもとより、当局の規制や指導も、遵守すべきルールとの認識が必要である。

b）許認可・資格、資格者・責任者

国や当局から得た認可や取得した企業としての資格と、その下で認定された資格者や責任者が遵守すべき行動規範。

c）当局による立入検査・指導内容

当局による立入検査・指導や求められた重要と思われる個別事項は、企業にとって遵守すべきルールとなる。

d）地元の社会・宗教上の慣行

地元の社会的慣行は、国や地域によって異なるものの、企業にとって無視することの出来ない掟である。宗教との関わりからくる地元社会のルールなども、その一例とされる。

　　米国では訴訟が思いもよらぬ広範囲に及ぶ場合があり、株主代表訴訟、被害者集団訴訟などは対応を誤った場合の損害が甚大となるリスクが考えられる。

　　欧州では、欧州連合（EU）が、独自の法体系整備に努めており、一例として化学物質への規制強化が挙げられる。2006年に「RoHS（ローズ）指令」と呼ばれる規制が施行されて、鉛・水銀など6つの物質の使用が原則的に禁止された。さらに2007年からは約3万種類の化学物質について「REACH（リーチ）」と呼ばれる安全性評価が企業に義務付けられた。

　　発展途上国では、法制が未整備、あるいは判例が確立していない状況下で、思いもよらぬ慣習が強い社会的規範となっていたり、また宗教的な影響力が無視しえない状況であったりして、それまで常識的なルールと認識していたところ、思わぬ法律上の難題を突きつけられるなど、不安定な事業展開を迫られることがある。

ロ）社内ルール

　　全社的に見渡すと、社内には「就業規則」、「作業マニュアル」等をはじめとして多くの社内規定が作られており、社員の行動規範と

なっている。それらは当然、法令に合致するものであるが、事業部門ごとの諸規定や、各国・地域ごとの法制度に従った規定などは、全社一様ではない。

　現地の法制、習慣に基づいた社内規定が妥当と判断されるかについては、法務部門の眼による点検も有効となる。

ハ）国際世論への配慮

　各国の法律として定まっていなくとも、人類共通の規範として認識せねばならない事柄は多い。

　基本的には、「人道主義」に立脚した「人権保護」、「自然環境保護」、「個人情報保護」などの意味するところを理解、認識して行動することが、グローバル企業に求められている。

2）守るための制度の構築

　多くの企業においては、「専任役員による統括」、「取締役会への報告」、「コンプライアンス推進室設置」、「拠点ごとのコンプライアンス委員任命」などの組織体制が取られており、コンプライアンスに対する社内意識の向上、遵守推進、問題発生時対応などの活動を行っている。

　これまで「コンプライアンス」は、「CSR（企業の社会的責任）部門」について強調されるも、「遵守」面での役割はあまり期待されてこなかったきらいがある。なによりも実行力の伴う体制づくりと運営が望まれる。

イ）拠点コンプライアンス委員の活動統括

　コンプライアンスは、なによりも実効が上がることが要求される。

　現地における活動の要となる「拠点コンプライアンス委員」に課題と権限を与え、レポート提出を要請するばかりでなく、本部に「委員」を招集しての徹底や、本部の定期的な現地視察を通じて、

コミュニケーションを維持することが肝要となる。

ロ）「社内規定」、「マニュアル」の統括

　社内規定は「マニュアル」とも呼ばれ、現地拠点の形態が、「完全子会社」、「合弁企業」、「買収した現地企業」など異なると、基本的内容に差異はなくとも、スタイルが異なることが多い。

　それらは、「一般的常識のレベル」から「現地固有の慣行」、さらに「所轄監督当局による現地規制」まで、多岐にわたる内容を踏まえて構成されている。

　これらの前提を踏まえて、本社としてのグローバルなコントロールの観点から、国・地域ごと、事業主体（子会社、事業部門）ごとそれぞれの規定について、内容を比較、点検することから始めて、整理し、時として現地に内容の是正を促すことも必要となる。

　近年では、「法令遵守」を自社が遵守するだけでなく、取引先へも要請し、その遵守すべき内容を契約書に明記するといった状況となっており、その範囲も「環境保護」や「人権尊重」も含む内容となっている。

　小規模な組織であれば「言えば分かる」で通じる職場のコミュニケーションも、グローバル経営では通用しない。まして「阿吽（あうん）の呼吸」とか「暗黙の了解」などは異文化の人材との間では理解されない。

　ここで言うマニュアルとは、単なる業務マニュアルだけを指すのではなく、「社内ルールの文書化」を言う。国々に散在する事業所の個別マニュアルの体系を把握し、それらの国や地域の法制あるいは宗教・社会常識に則った規範の上で、自社のルールブックをまとめ、しかもその内容は日々変更が加えられるべきである。

　海外拠点をコントロールするにあたっては、拠点ごとの「就業規則」や、「業務マニュアル」が基本となる。それぞれの拠点活動が本社事業部の延長であれば、使用される諸「マニュアル」は国内の

延長・翻訳でよいが、それについても、現地事情との齟齬がないか点検されている必要がある。

　職場ごとに異なる「マニュアル」において必要なことは、企業グループ全体の方向と一致しているかどうかという点にある。その点を確保するために、統括する組織の必要性についてはこれまであまり議論されていないが、本書としては、現行の「コンプライアンス統括部門」が担うべきと考える。

　さらに、グローバルな組織として、「マニュアルセンター」の構築、運営を提案したい。そこでは全体的な観点からの点検、提言が期待され、法律専門家の協力も欠かせない。主たる運営は、本部によるインターネットで行われるが、グローバル化に欠かせない必要な組織となる。

ハ) 賞罰規定の調整

　賞罰は、社会常識との緊密性も必要であるが、国ごとの常識度合いの違いもあって、社内における公平性、バランス感覚が欠かせない。

　そのような観点を認識した上で、各拠点の規定について点検し、調整することが必要となる。

ニ) 内部告発制度の運営

　とかく胡散臭い目で見られるこの制度ではあるが、まじめな告発者は企業にとって貢献者であるとの認識から始めねばならない。また、コミュニケーションの積み重ねが少ない外国企業にとって、社員の信頼を得て、社内の相互理解、社員の団結心を形成するためには有効な手段である。通告先を、「社外弁護士」、あるいは「直接本社の受付担当部」とするなどの工夫により、社員の信頼を得る制度とすることも一案と考えられる。

ホ）他部門との協働による運営強化

　「法令遵守」の運営においては、「社内規定の制定・変更」や「問題発生時の対応」において、「法務部門」との協働が欠かせない。

　　また運営段階においては、「内部監査・検査部門」と協働で、定例的なスケジュールを組んで「遵守の徹底・指導」を行い、評価を吟味して改善に生かしていくことが現実的な方法である。

　「三菱 UFJ フィナンシャル・グループ」では、米国カリフォルニアの現地法人が、資金洗浄についての対応不足を現地当局から2度にわたり厳しく指摘された結果、その後、米国における事業展開の足を引っ張ることとなった。これを受けて改善をはかるため、法令遵守体制を大幅に強化せざるを得ない結果となった。

［補足］「社内言語」の在りかたについて

　本項では、これまで取り上げた「社内規定」、「マニュアル」に関連して、「社内言語の在りかた」について考えてみる。

　グローバルな事業運営を行う上で使用される「言語」は、「日本語」、「英語」、「その国の言葉」の三つに分類できる。

　中心となるべきは「日本語」であるが、海外事業展開上「英語」の重要性を否定することはできない。

　いまや欧米のほとんどの国や地域、さらにはその他の新興諸国において、幹部クラスは「英語」を自国語同様に使用する。地域をまたがる幹部会議などは「英語」で開催せざるを得ない。

　グローバルに事業展開するのであれば、「英語」を基本として、日本人社員にもある程度の「英語能力」を要求することが必要となる。

　さらに要求を高くするとすれば、本社目線での会話であれば、概ね不足なく「英語」でコミュニケーションが取れるとしても、「利害対立の際の強い主張」、「微妙な相手との駆け引き」、「客観的な聴衆との応答」

などでは、太刀打ちできない局面は少なくない。

　質の高い人材と対等のコミュニケーションが取れなければ、会話の中に入ることが出来ず、また入れたとしても相手から相応の敬意を得ることは出来ない。

「言葉」が持つ力を忘れてはならない。

　具体的な言語使用の現場は、「連絡会議（役員会を含む）」、「社内文書（社内通達文書などを含む）」、「事業の現場」などであるが、それらは、「日本語だけ」、「英語だけ」、「第三国言語だけ」、「それぞれの言語が入り乱れる場合」など、いろいろな場面がある。

　対応としては；
　1）決済文書は、「日本語」でも「英語」でも、どちらでも原本とすることを認める社内文化を構築する必要がある。
　2）社内文書のうちでも重要な文書は、「英語版」を必ず作成する。
　3）国内における重要会議のレジメは、「日本語」を理解しない参加者の為に、あらかじめ翻訳ソフトを使うなどして「英語訳」を用意する。

「英語化」は、世界の有為な人材獲得にも効果がある。
　優秀な人材は米国の高学歴者だけではない。能力ある人材は、世界中どこの国・地域にもいる。高いレベルの教育を受けたくても受けられない優秀な人材を見つけて活用することこそが肝要であり、グローバル経営の妙味でもある。
　有為な人材がもたらす海外の新技術、ニューアイディアこそが、企業の将来の発展にとって「欠かせない鍵」であると認識したい。
　一方「非英語圏」の拠点では、本社からの派遣社員も「現地語」の理解、習得がある程度要求される。社内現場で一旦意思の疎通に問題が生じたときの解決は「現地語ベース」となるが、本社からの派遣社員が

「現地語習得」に努力する姿勢は、現地社員の好感度をひきだす。また、派遣社員が「現地語」に通じないと、現地人による不祥事に容易に気づかないこともあり、それも「現地語」習得が必要となる所以である。

「社内言語」の統括、推進について、社内のいずれの部門が主導するかについては、多くの議論がありうる。「人事・研修部門」が担うべきとの意見もあろう。この点については、企業ごとに、相応しい部門が担当すれば良い。肝心なのは、「言葉は大切である」との認識を持つことである。

6．内部監査・検査の役割と運営

　多様な異なった事業環境の下で事業展開する海外拠点の内部監査・検査については、次の諸点から考える。

- グローバルな内部監査・検査の在りかた
- 海外内部監査・検査体制の構築
- 本部による内部監査・検査と、現地拠点の内部監査・検査の役割分担
- 本社各部との連携

⑴ グローバルな内部監査・検査の在りかた

　内部監査・検査は企業運営の品質保証の機能を果たすが、海外拠点に対する内部監査・検査の目的は、グローバルな体制の安定性を内側から保証することにある。

　たとえ一部門、一拠点の不祥事であっても、不適切な対応によってグローバルな被害に繋がる事例は事欠かない。

　企業で大きな不祥事によって損害が生じた時など、しばしば企業幹部が口にする言葉に、「信頼していたのに、性善説が通用しなかった」というのがあるが、「性善説」という言葉は、国際社会では通用しない。

1）要求される使命感

　検査は客観的かつ公平に行われるべきで、真に企業のための監査を行う使命感を持つことが大切である。

　排除すべきは、内部監査・検査を行う側と、受ける側の馴れ合いであるが、そのためにも、基本的に検査は事前通知なしに実施されるべきである。

2）報告のルール

　報告は、検査・監査対象となった拠点の担当責任役員だけでなく、企業グループの役員会、トップに報告され、他の部門においても共有されねばならない。

　役員会への報告は、報告会の形式で、実際の検査者から直接報告することが、真剣味を高めて効果的である。

3）評価方法・基準

　全社的に共通する、公平で、わかりやすい評価・基準を作成する。

　評価によって危機感を認識しやすくするだけでなく、優良評価の拠点をも明らかにすることによって、検査・内部監査の信頼性と価値を共有することになる。

(2) 海外内部監査・検査体制の構築

実効ある体制構築のためには、以下の諸点がポイントとなる。

1）監査マニュアルの作成

　企業のグローバルな展開は、地理的に広範囲にわたるだけでなく、各事業拠点の業態もさまざまである。対象となる業務も、会計・経理だけでなく、IT システム、人事・労務、営業、購買、製造、その他すべての業務について及ぶので、監査マニュアルも最新の実情に合った具体的なものが用意されねばならない。

2）人材確保

　監査対象となる社員以上の実務知識と専門性が要求され、内部監

査・検査を効果的に行うには、担当者は自らの過去の経験に加えて、さらなる研鑽を積むことが求められる。

3）スケジュール化

　毎年、或いは２、３年程度の本部スケジュールに基づいて、定期的にすべての拠点の内部監査・検査を実施すべきであり、この点を念頭においた予算に基づく監査体制が敷かれなければならない。

　地域統括本部を設けている企業の場合には、内部監査・検査部門を地域本部内に置いて時間と費用節減を図ることも有効である。

⑶ 本部による内部監査・検査と、現地拠点の内部監査・検査の役割分担

　現地の事業運営が適切に行われるためには、本来、拠点みずから、日常的な点検が行われていることが望ましい。

　そのような状況は、合弁企業であって、社内運営を現地出資者に依存している場合、あるいは企業買収（M&A）によって傘下に組み入れた後の運営にも当てはまる。

　本部の内部監査・検査部門は、それら現地との役割分担を確認し、調整することがまず必要となる。

　以下のような部分は、拠点内の内部監査・検査部門に定期的に点検されるが、本部は、その点検状況を点検することから始まる。すなわち、内部検査体制の運営状況そのものが、本部検査の検査対象であり、現場における「事故発生の記録」と共に点検される。

　　a）販売（回収状況・顧客情報管理）
　　　　顧客ごとの債権確認、回収状況管理、貸し倒れは無いか
　　　　顧客信用の定期的レビュー
　　b）製造（工場運営・製造工程・品質管理）
　　　　清潔保持・改善提案
　　　　機械の手入れ

生産効率の向上努力

改善提案の熱意とそれに対する対応

不良品発生率の把握と改善努力

c）資材（仕入・在庫）

正しい手続きに従った仕入れが行われているか

検品の記録

在庫点検、定期的棚卸が行われているか

⑷ 本社各部との連携

　内部監査・検査の対象となる部門は、現地拠点の「営業」、「製造工場」、「研究開発」などであるが、内部監査・検査の内容も各組織の「業務」、「会計」、「システム」、「人事・労務」、「コンプライアンス」など多様な分野にわたる。

　日常業務が行われている環境下で、内部監査・監査を受ける側の対応負担を最小限にとどめる事にも留意せねばならないが、対策の一つとして、IT 化による遠隔コントロールなどが有効であるが、それでも現地に赴き、現場・現物を直接見ることは欠かせない。特に、現地に働く本社からの派遣社員、現地雇用の管理者などとの面談は重要である。

　具体的には、本部各部にマニュアルやスケジュール作成の段階から協働を要請して、効果的かつ効率的な内部監査・検査体制を構築し、運営することが肝要である。

7．海外安全管理体制について

　グローバル企業にとって「安全の確保」はすべての活動の基本である。

　被害に直接的に派遣社員、家族が巻き込まれる恐れがあるリスクとしては、「テロ・集団テロ」、「反日デモ」、「誘拐・拘束」、「交通事故」、「暴漢や街の騒乱」、「大規模自然災害」、「インフラの未整備による健康被害」などが挙げられる。

　これら突然の身の危険に遭遇する恐れは、先進国、発展途上国の区別を問わず、また建物の内外にかかわらず、常に存在する。
　海外事業展開の場でこのような「人身に関わる事態」に陥る可能性があるのは、海外現地拠点、関係子会社への駐在員とその家族だけでなく、海外出張中の国内社員も対象となってくる。

　本項では、以下の諸点について述べる。

- 対応組織の役割
- 非常時対応ネットワークの構築
- 危機対応マニュアルの整備
- 医療体制、保険
- 国際的セキュリティコンサルタント

(1) 対応組織の役割

　上で述べたさまざまな事態発生に対しては、以下の措置が、日時を問わず迅速かつ的確に取られねばならない。
　危機管理を担当する総務部、広報部などについては、後段のような機能要請に対応するべく、海外全拠点をカバーすることが可能な体制にしておくべきである。

1）現場からの報告入手、事実確認
　緊急事態は、世界中いつでも365日、24時間発生する恐れがあり、報告はいつでも受け取れる体制でなければならない。

2）担当責任部署とのコンタクト
　担当責任部署は、現地拠点の部署と、その拠点の所属する事業部門の部署と両方にあり、それらいずれともコンタクトがとれる体制となっていることが必要である。

3）自社企業トップとのコミュニケーション

どのような末端部門の問題でも、企業のトップマターとなる可能性を秘めている。遅滞なくすみやかに経営トップに情報が届けられるようなルールを定めておくべきである。

4）マスコミへの適切な対応

マスコミへの対応は危機管理上の重要なポイントである。

広報部などの所管部門とは、日頃から綿密な連携を取っておかねばならない。

⑵ 非常時対応ネットワークの構築

基本的には、社員の動向をグローバルに管理する体制の構築が求められる。そのためには、以下の具体的措置を講じるとともに、適時訓練を行うことが望ましい。

1）社内連絡網の構築

国内外を問わず、各拠点に危機管理責任者、担当者を定め、連絡体制を構築しておく。海外の場合には、駐在員や留守宅への連絡も取れるように体制を整えておく。

2）出張旅行規定整備

「出張スケジュール」については事前提出を定例とし、変更に際しては適時報告が求められる（休暇中の旅行についても同様の対応が望ましい）。

旅行保険付保については、企業全体で一括管理する。

3）社員ID管理の厳格化

海外各拠点人事部が保管する個人データ（含む、パスポート情報）保管の厳格化と、速やかな取り出しを可能ならしめておく。

⑶ 危機対応マニュアルの整備

世界中の拠点に対して、その土地に適応した「危機対応マニュアル」を作成して周知徹底しておくほか、「警察・弁護士への通報」、「現地の緊急医療へのアクセス」、「家族・職場への連絡」などの対応方法を、あらかじめ研究し、確かめておくことが肝要である。

⑷ 医療体制・保険

現地において、安心してかかれる医療施設の事前確保は、出張旅行者だけでなく現地駐在員の生活・健康上（含む、出産）必要な措置である。

仮に途上国などにおいて、安心が十分確保されない場合には、近隣先進国の先端医療センターへの緊急搬送、また状況によっては緊急帰国措置も必要となる。

旅行保険・医療保険などの付保に関しても基準を設けて情報を統括する。

⑸ 国際的セキュリティコンサルタント

「誘拐・人質」などの対象となることが懸念される有名大企業などでは、海外事業がある程度以上の規模の企業では、「危機保険」に入っておくことも選択肢の一つであるが、この種の保険の場合、加入していること自体、極秘扱いとすることが要求される。この場合、企業トップと同列の権限で対応する専任者の任命が必要である。

国際的セキュリティ会社とコンサルタント契約を結んで、万が一の事態に備えている企業もある。

8．地域統括拠点について

企業内における海外の比重が海外に移動し、数多くの拠点数が海外に点在するようになって、そのコントロールが問われることとなる。

グローバル統治の第一ステップとして、本社から現地拠点への「役割

と権限の分担」のための「地域統括拠点」を設ける動きが広がっている。

　これは「本社の分身」を設ける試みであると言えるが、その在りかたについては各社さまざまで、未だこれといった定まった形があるわけではない。

　わが国グローバル企業の発展の要としての「地域統括拠点」の在りかたについて、以下の諸点について考えていきたい。

- 「役割の分担」
- 「権限の委譲」
- 本社管理部門の一部を海外に移転して統括する
- 「地域統括拠点」の立地
- 企業グループ全体のグローバル化推進の効果

(1)「役割の分担」

「地域統括拠点」は、広域の複数、或いは多数の拠点をまとめて統括する存在であるが、対象となる地域には、営業拠点、製造拠点、研究開発拠点、駐在員事務所、企業買収した地元企業、或いは重要な現地提携先企業など多様な形態の拠点が立地する。

「地域統括拠点」は、それらの拠点管理を、本社に代わって代行する役割を付与されるが、それに伴う行政機能を備えている場合もあれば、一部についてだけの統括を任されている場合もある。

1)「営業統括拠点」

　　ここで求められる基本的機能は、地元の営業組織のコントロールであるが、その為には、地域の顧客動向を踏まえた販売戦略の下で、商品・製品の企画・開発、仕入れ、在庫管理、広告、ライバル企業への対応などを行わねばならない。

　　加えて販売店チャネルの業績評価や、インセンティブ付与、営業マンの管理・能力向上への教育など、取り組む課題は多い。

2）「製造統括拠点」

　　生産活動を統括する拠点は通常その地域における最大規模の製造
　拠点内に設けられるが、複数の「生産工場」を統括するにあたっ
　ては、「製造ライン運営」、「研究開発」、「原材料・部品仕入れ」、
　「労務管理」など、多様な要求に対応せねばならない。
　　生産工場の運営については、生産計画の立案、推進から、変更、
　トラブルへの対応など全てにわたり、統括拠点の判断と権限で対
　応することとなる。

3）「地域統括拠点」

　　「地域統括拠点」と称する場合、通常文字通り、その地域のす
　べての拠点を、その形態にかかわらず統括する使命を帯びてい
　る。
　　その為には地域すべての拠点活動に対応できる本社的な管理組織
　の設置と、人材の配置が求められる。

4）「事業部門ごとの統括拠点」

　　異なる事業部門が、それぞれ自らの事業をグローバルに統括して
　いる場合、さらにそれらを一括して地域統括拠点の下でくくるに
　は、全社的な合意の下で組織編成をする必要がある。

5）事業部門まるごと海外移転

　　事業部門の統括部門（司令塔）そのものを海外に立地するという
　ケースも見受けられるが、さらに踏み込んだ在りかたとして、事
　業部門全体の統括機能を現地に移して、半ば地元企業のような事
　業運営を図る試みも行われている。

　　　▪ ソニー　　　　米国映画部門
　　　▪ 日立製作所　　鉄道車両を英国に
　　　▪ HOYA　　　　眼鏡レンズ事業本部はタイに

- 三井化学　　自動車向け樹脂改質材の事業部全てをシンガポールに
- 三菱商事　　金属販売事業の本部をシンガポールに

6）ゆるい縛りの地域本部 —— 総合商社のスタイル

総合商社は永年の積み重ねの上に、世界各地に多くの拠点を設けており、その中心的存在として地域本部を設けているが、それは、本社組織の単位である「事業部」の地域代表の集合体としての存在であって、決定権限は大きくない。そこでの各事業部の長は、その地域における関係拠点のリーダーではあるものの、重要事項の決裁権限はあくまで本社担当役員・役員会にある。その間、トップの「地域本部長」は、本社役員会の主要メンバーの一人として、地域の各拠点の利害を代弁しつつ、現地においては、企業トップの「顔」としての役割を担うこととなる。

地域本部におけるもう一つの機能は、そこで活動する各事業部門の管理機能にある。特に、地域本部内の「会計部門」は、各事業部から切り離して本社会計部門の直轄下に置くことで、各事業部の現地活動を牽制する役割を負っており、その体制は、永年の経験から現地における不祥事発生防止に関して実質的な効果を上げている。

7）大型企業買収（M&A）で傘下に組み込んだ企業のコントロール

大型企業買収（M&A）で傘下に取り込んだ子会社のコントロールは、通常、リストラなど種々の課題を抱えている。

従って、このような企業は一般的な統括組織に組み入れることを急がず、別の体制下でコントロールすることから始めるのが安全である。

⑵「権限の委譲」

「地域統括拠点」に本社決定権を一部権限委譲する根拠は、次のような

理由が挙げられる。

1）距離と時差

事業遂行上、現地から遠く離れた本社の理解と決裁を得るまでに、出張往復するのにかかる時間と経費は莫大であるが、電話会議などの手段を活用するにせよ、時差の制約から逃れることは出来ない。

距離と時差の克服は、企業のグローバル運営上、逃れられない課題であり、「地域統括拠点」設置の根拠となる。

2）現地事情の理解と、顧客との親密感

大きな経営判断を行うにあたって、現地の事情を肌身で理解することは欠かせないが、同様に、現地に高位の、決裁権限の大きい責任者が常駐するほうが、地元の相手企業から好意を得やすいことも現実である。

顧客から親密感を獲得するにも現地駐在の高位責任者の存在は有効である。スピード感を持ってライバル企業と対抗するためにも、「地域統括拠点」の設置が望まれる。

⑶ 本社管理部門の一部を海外に移転して統括する

一部の本社管理部門については、現地に密着して日常的に管理することが求められる部分がある。そのような場合、本社からの出張を繰り返し行うことは時間的にも、経費の上でも非効率的であり、その対策上、海外に統括拠点を設けることが行われている。

1）財務資金部門
イ）企業の24時間資金管理体制の構築

複数の海外拠点を結んで資金・外国為替を集中管理するキャッシュ・マネージメント・サービス（CMS）を利用するために、大陸を結ぶグローバルな金融中心地に、統括拠点が設置される（ロンドン、ニューヨーク、シンガポールなど）。

- 日産自動車は、日本（「日産ファイナンス」）、欧州日産、北米日産、それぞれが「キャッシュ・マネジメント・システム」を構築して管轄下子会社の資金を管理し、最後に本社が統括している。この体制をさらに進化させ、シンガポールの金融子会社に移管し、全世界の資金管理を集約、効率化をはかる（新興国の分をのぞく）。
- 松下電器産業は、オランダにグループ各社の資金、通貨を一元的に統括管理する子会社を設立したが、中国においても同国内のグループ会社74社の財務を管理する子会社を上海に設立した。

ロ）現地拠点の資金統括

　現地拠点の資金調達は、概ね本社の信用力に依存して行われ、日系金融機関など本社取引金融機関の現地支店、子会社を利用するか、現地金融機関取引についても、本社による保証差し入れなどの支援が要請される。

　このような条件下、米国やユーロ圏諸国における場合は、通貨の一本化が進んでいて、ニューヨーク（米）、ロンドン（英）、アムステルダム（オランダ）、フランクフルト（ドイツ）などの金融センターの拠点から周辺諸国のカバーは容易である。

　一方、アジアの場合は、国家間の取引は米ドルであっても、国内はそれぞれの通貨で取引が行われる。また、各国間の金融規制もあり、地域における効率的な集中管理は行いにくいが、その中ではシンガポールが最も制度が整っており、資金統括拠点として適当である。同様に中国も、国内に広く展開する拠点間の資金移動を管理する目的で、統括拠点が設けられている。

- 三菱商事は中国内拠点の外貨資金の集中管理を行っている。
  中国国家外貨管理局の認可を得て、三菱商事（中国）（本社：上海）を幹事会社として、上海・北京・天津・大連・青島・広州の子会社の外貨を、三菱東京UFJ銀行のシステムを利用して、集中管理している。

- 地域統括拠点の設置は、設置した現地の国・地域の側から見ると、雇用創出効果だけでなく、周辺拠点の活動を採り込んで活性化した企業の動きか

ら受ける地元経済への刺激など、多くのメリットが期待できることから、シンガポール、マレーシアなどでは、税制その他の面で、統括拠点の設置を制度的に優遇している。

a）シンガポール

　統括拠点（Operational Headquarters ＝ OHQ）

　国際貿易事業者（Global Trader Programme ＝ GTP）

　金融・財務統括拠点（Finance and Treasury Center ＝ FTC）

b）マレーシア

　IPC（International Procurement Centers）制度

2）資材調達部門

　わが国企業の多くは、東南アジア諸国に広く生産拠点を展開していて、拠点間の物流（資材、部品、完成品などの）が交錯している。この流れを、近隣の一カ所でコントロールしようとするのが、調達・物流統括拠点設置のコンセプトである。

　生産拠点の近くの物流管理の拠点としては、港湾都市など、機動性が充分に発揮できる場所、さらに近隣諸国との物流に関して関税が掛からないこと、通関業務が円滑に処理されること、港湾・空港周辺道路が渋滞しないことなどのロジスティック環境が決め手となる。

　これらのメリットを備えた場所として、アジアでは、シンガポールが選好され、東南アジア各国所在の製造工場をネットワーク状に結んだ資材、原材料、部品などの流通が一元的に管理されている（パナソニックの調達本部機能など）。

3）内部監査・検査部門

　地域内拠点の内部監査・検査機能現地に地域拠点を設け、専門担当者を常駐させて運営することが効果的である。

　この部門は、現場となる拠点に出張訪問する度合いが最も頻繁なことから、立地の決め手となるのは、監査・検査対象となる拠点への交通の足場の良さとなる。

⑷ 「地域統括拠点」の立地

　距離感を基に、主要な大陸ごとに、自社の拠点展開の中心に設置されるが、「地域統括拠点」は、一般的な要件として、交通の要衝にあり、通信環境が良く、情報が集中する場所として地域の大都市が多く選ばれる。製造統括拠点の場合には、中心となっている製造拠点が大都市から離れた立地であっても統括拠点となっている。

　一般的にグローバル運営体制の構築の中心とされているのは、次のような大都市であるが、必ずしもそれに捉われることなく、その企業によって最も要となる国・地域の都市、或いは場所に立地されればよい。

　一般的に、各社に選好されている立地は、次の都市である。

- 米州本部（北米、中南米）（ニューヨーク、シカゴ、ロサンゼルスなど）
- 欧州本部（アジア・中近東）（ロンドン、ブリュッセル、フランクフルトなど）
- 東南アジア統括（シンガポール、マレーシア・バンコク）
- 中国統括（北京、上海など）

⑸ 企業グループ全体のグローバル化推進の効果

1）海外における本部機構運営の経験

　「地域統括拠点」は、本社の延長上であるとはいえ、日々の活動は海外で行われる。

　現地の顧客（たとえそれらが日系企業であっても）、現地の人材、現地の生活スタイルの下で組織を運営することは、本社とは異なった感覚を身につけることとなる。

　世界中におけるそれらの経験が、企業の体質や文化に影響を与え、グローバル企業として生きていく自信を得ることにつながる。

2）国際人材の育成、獲得

　「地域統括拠点」は、グローバルな事業展開に必要な人材の育成や、

外国人スタッフの活用拠点としても有効である。多くの外国人スタッフを擁して運営される現地の管理機構は、おのずと企業のカルチャーに変化をもたらすこととなる。企業全体のグローバル化を図る観点から、地域統括拠点の運営は重視されて然るべきである。

3）肝心なこと

　本社機能を分散した後に留意すべきは、「本社による海外統括拠点のコントロールが確保されるかどうか」、また並行して「各地の統括拠点間のコミュニケーション」が円滑に図られるかにある。海外統括拠点が独走したり、統括拠点同士が過剰に競い合って円滑なコミュニケーションが阻害されると、グローバル組織の分解につながる。

　まさにこれは経営陣の問題であり、経営トップの課題であるが、具体的な対応の仕方については、人材問題を含め、各社それぞれのやり方がある。各社の試行錯誤はこれからも続くことと思われるが、強靭なグローバル組織運営の確立が切に望まれる。

VI. おわりに
── 何のために「海外直接投資」をするのか ──

　これまで本書では、いろいろな角度から「海外直接投資」の意義を理解し、投資によって構築したグローバルな拠点組織を、いかに適切に運営すべきかを考えてきた。

　巨額の資金投下からスタートし、長年の努力によって事業を構築し、それらを運営することによって、企業の海外プレゼンスを確立してきた「海外直接投資」の積み重ねは、繰り返し述べるように、企業にとって貴重な財産である。

　この財産を守り、発展させる上で欠かせない問題について、本書は多々論じてきたが、最後にひとこと述べて本書を締めくくることとする。

　あらためて「海外直接投資」の意義について考えてみると、それは「未来への扉を開くこと」と、「究極のリスク分散」との二つに集約できる。

⑴「海外直接投資」は、「未来への扉を開くこと」

「市場」、「生産適地」、「新たなビジネスアイディア」、そして「人材」など、ビジネスにとって基本となる「企業発展への選択肢」は、海外にあふれている。

　例えば、「インターネット技術」、「新たな素材」、「医療・医薬」、「移動手段」、「快適な生活インフラ」、「宇宙への志向」等々。なにも、わが国が遅れているというのではなく、より良い選択肢は世界中いたるところに存在している。

　われわれは、思考を国内だけに求めず、常に世界中から「新たな発想」や「沸き上がる新たな市場」を察知して取り込んでいくべきであ

る。

「人材」も事業資源の一つである。すぐれた「人材」は、国内にとどまらず、また欧米に限ったことでもない。いかなる国や地域にもすぐれた「人材」は存在する。それらを発掘し、取りこんでいくことこそが大切なことである。

「海外直接投資」とは、企業が持続的な発展を目指す時、選択肢を世界に求める行動である。言葉を換えれば、「未来への扉を開くこと」であると言えよう。

⑵「海外直接投資」は「究極のリスク分散」である

　本書では、これまで海外事業に伴うリスクについて種々述べてきたが、一方でわが国にも多くのリスクが隠れていることを忘れてはいけない。

　例えば、気象リスクについて、懸念される「南海トラフ」、「東海地震」などが発生するとすれば、大きな被害が懸念される。その際、予想される被害の中心とされる臨海の工業地帯は、わが国製造業の中心地である。

　なによりも人口が減少することが確実な状況下、労働人口が減少すると、企業中枢の能力にも陰りをもたらし、やがては市場からの退出に追い込まれる恐れ無しとしない。

　国内市場にとどまることは、知らぬ間にグローバル市場における「シェア縮小」することを意味する。

　留まること、すなわち「海外展開しないこと」が、すでにリスクであるとすれば、「海外直接投資」は「究極のリスク分散」であるといえる。

　以上のことを強調して、本書を締めくくることとしたい。

［附表］主要各社の動向

　わが国主要企業の「海外直接投資」の動向について、本誌分類の業種に従って簡記する。

　諸財務計数は、各社の有価証券報告書を基本とし、基準年度は各社の平成19年度（2017年度）決算計数で比較している（決算年月を特に記載している以外は、平成18年3月期決算）。
　選好基準は、「売上高」3,000億円以上で、「売上高海外比率」と「長期性資産海外比率」、両方が開示されていること。
　「売上高」については、各社の会計方針の違いによって「売上高」、「収益」、「経常収益」、「営業収益」などと基準が異なっているので、それぞ

れの企業が採用する科目を記載した上で、同レベルで扱っている。

「売上高」の欄には、各社の事業単位のウェイトを％で表示した。

「長期性資産」については、各社の開示基準が「非流動資産」や、「有形固定資産」など異なる基準であることは認識しつつも、本書では同じ欄内の扱いとしている。

「売上高海外比率」欄と、「長期性資産海外比率」欄では、海外比率の地域、或いは主要国における比率を％表示している。

「所在地別海外比率」を開示している企業については、「売上高」、「営業利益」の海外比率を記載した。

　同様に、「従業員の海外比率」についても、開示されているものについて記載している。

　略：G.＝グループ、H.＝ホールディングス

I 商社

　商社、特に「総合商社」と呼ばれる企業は、わが国の「海外直接投資」に関して、戦後一貫してわが国企業の牽引役となってきた。

　その事業活動はあらゆる分野に及び、それらの事業形態も、現地販売網の拡充、天然資源開発への関与、現地生産、インフラ建設など多岐にわたっているが、各業界への関与が著しい状況については、それぞれの業界欄でも注記する。

会社名	売上高		売上高海外比率		長期性資産海外比率	
三菱商事	（収益）7兆5,673億円		39.6%		（非流動資産）	45.8%
	生活産業	38.0%	米国	11.0%	豪州	25.2%
	エネルギー	16.3%	豪州	11.3%	その他	20.6%
	化学品	18.0%	その他	17.3%		
	その他	27.7%				
丸紅	（収益）7兆5,403億円		49.5%		（非流動資産）	78.7%
	生活産業	58.6%	米国	34.1%	米国	48.9%
	素材	23.2%	その他	15.4%	英国	10.8%
	エネルギー・金属				その他	19.0%
		9.3%				
	その他	8.9%				
豊田通商 アフリカ事業に関わる従業員の比率　23.0%	（収益）6兆4,910億円		68.8%		（非流動資産）	60.1%
	金属	25.3%	中国	14.5%	米国	8.8%
	化学品・エレクトロニクス	22.8%	米国	10.2%	その他	51.3%
			その他	44.1%		
	機械・エネルギー・プラント	14.5%				
	自動車	9.7%				
	その他	19.0%				

会社名	売上高		売上高海外比率		長期性資産海外比率	
伊藤忠商事	（収益）5兆5,100億円		31.5%		（非流動資産）50.8%	
	エネルギー・化学品		米国	12.6%	豪州	12.7%
		28.6%	シンガポール	5.9%	英国	10.7%
	食料	20.9%	その他	13.0%	シンガポール	9.4%
	情報・金融	12.7%			米国	6.8%
	住生活	10.8%			その他	11.2%
	繊維	9.5%				
	その他	17.5%				
三井物産	（収益）4兆8,921億円		53.6%		（非流動資産）81.0%	
	生活産業	28.8%	米国	18.4%	豪州	24.5%
	化学品	24.3%	豪州	9.4%	米国	20.9%
	金属資源	19.3%	シンガポール	5.5%	イタリア	9.0%
	エネルギー	10.9%	その他	20.3%	タイ	5.7%
	その他	16.7%			その他	20.9%
住友商事	（収益）4兆8,273億円		58.0%		（非流動資産）55.8%	
	海外法人・支店	33.4%	米国	21.3%	欧州	21.1%
	メディア・生活関連		アジア	14.7%	米国	19.7%
		26.0%	欧州	13.9%	アジア	3.3%
	資源・化学品	15.7%	その他	8.1%	その他	11.7%
	金属	9.8%				
	その他	15.1%				
日鐵住金物産	（売上高）2兆623億円		26.8%		（有形固定資産）	
	鉄鋼	81.2%	アジア	22.3%		34.6%
	繊維	7.5%	その他	4.5%	アジア	19.1%
	食料	6.9%			その他	15.5%
	その他	4.4%				
双日	（収益）1兆8,164億円		53.3%		（非流動資産）53.8%	
	化学	28.4%	アジア・大洋州		アジア・大洋州	
	石炭・金属	17.8%		35.0%		23.8%
	リテール・生活産業		米州	8.3%	米州	16.7%
		16.1%	欧州	7.6%	欧州	9.6%
	自動車	10.4%	その他	2.4%	その他	3.7%
	その他	27.3%				

会社名	売上高		売上高海外比率		長期性資産海外比率	
神鋼商事	（売上高）9,294億円		23.1%		（有形固定資産）	
	鉄鋼	36.4%				74.7%
	鉄鋼原料	32.4%			メキシコ	30.7%
	非鉄金属	26.1%			米国	19.5%
	その他	5.1%			中国	13.4%
					その他	11.1%
岡谷鋼機	（売上高）8,514億円		27.1%		（有形固定資産）	
（2018年2	鉄鋼	41.4%	アジア	20.2%		16.7%
月期）	情報・電機	21.7%	その他	6.9%	タイ	8.9%
	産業資材	30.3%			アジア	2.2%
	生活産業	6.6%			欧州ほか	5.6%
長瀬産業	（売上高）7,839億円		49.6%		（有形固定資産）	
	機能素材	22.5%	中国・香港・台湾			8.2%
	加工材料	33.5%		26.5%		
	電子	16.5%	アセアン	14.1%		
	自動車・エネルギー		米州	4.7%		
		16.5%	欧州その他	4.3%		
	生活関連その他					
		11.0%				
兼松	（収益）7,147億円		17.1%		（非流動資産） 19.4%	
	電子・デバイス		アジア	7.2%	北米	12.5%
		36.8%	北米	6.8%	その他	6.9%
	食料	32.4%	欧州	2.4%		
	鉄鋼・素材・プラン		その他	0.7%		
	ト	21.4%				
	車輌・航空・その他					
		9.4%				
蝶理	（売上高）3,117億円		49.5%		（有形固定資産）	
	繊維	36.4%	中国	13.3%		8.2%
	化学品	45.6%	チリ	12.6%	中国	5.5%
	機械	18.0%	その他	23.6%	その他	2.7%

II　エネルギー資源開発

　エネルギー資源に乏しいわが国は一貫して、海外エネルギー資源の開発が「海外直接投資」の重要な目的となっている。

　その目的達成の基礎的要件として、「権益獲得に不利な条件はないか」、「探鉱・開発技術の確認」、「長期安定した販路の確保」など、他の業種に無い諸要素の確認が重要となってくる。

［石油・天然ガス］

　油田・ガス田を保有する産油国と、開発技術と実績を誇る欧米メジャーの影響力が抜きんでており、エネルギー資源とその開発経験に乏しいわが国企業としては、それらの有力企業が主導する開発事業への少数株主参加（マイノリティシェア）が投資の主体とならざるを得ない状況にある。

　戦後、わが国の海外資源開発事業は、民（企業）と官（政府）が並行して行ってきたが、当初の、民間企業「アラビア石油」による巨大な貢献が終了した後は、決して順調とは言えぬ、苦難の連続で推移した。またその間に行われた政府主導の事業の多くは十分な成果をあげることなく、2004年の「石油公団」解体に繋がった。

　現在は、資金力、情報能力に強みを発揮する「総合商社」と、政府事業の流れをくむ「国際石油開発帝石」、「石油資源開発」、さらには民間の「石油販売事業者」、「電力事業者」、「都市ガス事業者」など、国内エネルギー事業大手企業も海外権益確保の投資に参加している。

［石炭］

　石炭は、発電用エネルギー源（主として一般炭）だけでなく、製鉄原料（主として瀝青炭）や、また無煙炭は化学品原料となる、世界に広く分布している資源である。

　わが国企業は主として総合商社が、オーストラリア、米国、カナダ、インドネシア、ベトナムなどの諸国に投資し、開発・生産を行っている

ほか、専門商社、製鉄会社、その他企業（「石炭資源開発〈電力各社の窓口会社〉＝豪州」、三井鉱山など）も事業に参加している。

　しかし地球温暖化対策としての環境問題が世界の課題として議論されるにつれて、エネルギー源としての石炭の価値が薄れて、開発も縮小の傾向にある。

［ウラン］

　これまでわが国は原子力発電の導入、拡大に伴いウラン燃料を確保する必要が生じ、国をあげて海外資源開発を模索してきた。1970年には、わが国企業32社が合同でアフリカ・ニジェールに「海外ウラン資源開発」を設立し、現在に至るまで開発を行っている。その後も「総合商社」、「電力会社」、「原子力発電機器メーカー」などが海外ウラン資源開発の投資を行ってきたが、2012年３月、東日本大震災をきっかけとした国内における原子力エネルギー依存への見直しが行われるほか、一部諸外国でも原子力発電事業が停滞するなど、将来への展望は開かれていない。

会社名	売上高	売上高海外比率	長期性資産海外比率
JXTG H.	（売上高） 　　　10兆3,018億円 エネルギー　　84.4% 金属　　　　　9.4% 石油・天然ガス開発 　　　　　　　1.5% その他　　　　4.7%	19.4% 中国　　　　　6.6% その他　　　12.8%	（非流動資産）23.9% チリ　　　　　7.9% その他　　　16.0%
出光興産	（売上高） 　　　3兆7,306億円 石油製品　　77.0% 石油化学製品 13.4% 資源　　　　　7.8% その他　　　　1.8%	25.3% アジア・オセアニア 　　　　　　16.0% 北米　　　　　5.6% 欧州　　　　　2.7% その他　　　　1.0%	（有形固定資産） 　　　　　　19.0% アジア・オセアニア 　　　　　　12.1% 欧州　　　　　4.2% その他　　　　2.7%

会社名	売上高	売上高海外比率	長期性資産海外比率
コスモエネルギー H.	（売上高） 　　　　　2兆5,231億円 石油　　　82.3% 石油化学　16.2% その他　　1.5%	10.6% アジア　　　5.2% その他　　　5.4%	（有形固定資産） 　　　　　　　　18.5% UAE　　　　　18.5%
国際石油開発帝石	（売上高）9,337億円 原油　　　76.1% 天然ガス（除LPG） 　　　　　　21.6% LPG その他　2.3%	54.1% アジア・オセアニア 　　　　　　43.4% その他　　10.7%	（有形固定資産） 　　　　　　　　87.1% 豪州　　　75.2% その他　　11.9%

（注１）その他の主要企業

　「石油資源開発」（わが国石油開発〈国内外における〉の草分け）

　2018年３月期　売上高　2,306億円　売上高海外比率　36.1%　長期性資産海外比率　66.1%

　現在も、インドネシア、マレーシア、イラク、英国・北海、ロシア（サハリン1)、カナダ（オイルサンド、シェールガス）、米国（シェールオイル）などで事業運営中。

（注２）総合商社のエネルギー資源開発投資国

１．「三菱商事」

　（石油・ガス）ブルネイ、マレーシア、インドネシア、ミャンマー、豪州、パプアニューギニア、イラク、オマーン、リビア、チュニジア、ガボン、アンゴラ、コートジボワール、リベリア、英国、ロシア、米国、カナダ、ベネズエラ

　（石炭）豪州、米国

２．「三井物産」

　（石油）タイ、インドネシア、ベトナム、カンボジア、豪州、英国、イタリア、グリーンランド、ガーナ、エジプト、ブラジル

　（天然ガス）アブダビ、カタール、オマーン、赤道ギニア、豪州、ロシア、インドネシア、米国、ポーランド

　（石炭）豪州、ロシア

3. 「伊藤忠商事」
   （石油・ガス）アゼルバイジャン、インドネシア、豪州、カタール、オマーン、アルジェリア、英国、デンマーク、ロシア
   （石炭）豪州、米国、インドネシア、コロンビア
   （ウラン）豪州、ウズベキスタン・ナミビア

4. 「住友商事」
   （石油・ガス）インドネシア、ベトナム、英国、米国
   （石炭）オーストラリア、ベトナム、ロシア
   （ウラン）オーストラリア

5. 「丸紅」
   （石油・ガス）ロシア、英国、ノルウェー、インド、パプアニューギニア、赤道ギニア、米国
   （石炭）豪州、カナダ

6. 「豊田通商」
   （石油・ガス）豪州
   （石炭）豪州

7. 「双日」
   （石油・ガス）インドネシア、豪州、カタール、エジプト、英国、米国、ブラジル
   （石炭）豪州、インドネシア、ロシア、カナダ

Ⅲ　自動車

　自動車は、いまやわが国を支える最大の産業となっているが、さらに、グローバルリーダーとしての地位を確保し、強固なものにするため、世界各地の現地販売網の整備、現地生産・研究開発体制の展開が不可欠なことを認識し、各社とも積極的な「海外直接投資」を行っている。

　本項では、「Ａ　乗用車」、「Ｂ　商用車」、「Ｃ　二輪車」、「Ｄ　自動車部品」に分けて順に取り上げる。

Ａ　乗用車

　わが国7社の乗用車メーカーは、いずれも海外市場における事業推進のために積極的に直接投資を行い、地域市場密着のために北米、中国、アジア、欧州などで現地生産を拡大している。(注)

　また各社とも、現地の顧客動向を踏まえた新たな車種開発のために、海外に開発研究部門（R&D）を設置しているが、近年はさらに、電気自動車（EV）や自動運転技術の開発を目的として、海外ベンチャー企業との連携を模索した出資も行われている。

　(注) 小型車専門の「ダイハツ工業」は、現在「トヨタ自動車」の完全子会社となっているために、本項には登場しない。

会社名	売上高		売上高海外比率		長期性資産海外比率	
トヨタ自動車	（売上高）		75.3%		（長期性資産）　65.8%	
		29兆3,795億円	北米	35.4%	北米	50.4%
所在地別海外比率	自動車	89.7%	欧州	9.3%	欧州	3.5%
売上高　　　68.4%	金融	6.7%	アジア	16.3%	アジア	7.8%
営業利益　　31.4%	住宅、他	3.6%	その他	14.3%	その他	4.1%

会社名	売上高	売上高海外比率	長期性資産海外比率
本田技研工業 所在地別海外比率 売上高　　85.4% 営業利益　89.5%	（売上収益） 　　15兆3,611億円 四輪車　　　70.6% 二輪車　　　13.3% 金融・サービス 　　　　　　13.8% その他　　　2.3% （汎用パワー製品、 航空機等）	85.4% 米国　　　45.8% その他　　39.6%	（非流動資産）68.0% 米国　　　　46.9% その他　　　21.1%
日産自動車 所在地別海外比率 売上高　　81.6% 営業利益　47.2% 従業員海外比率 　　　　　57.2%	（売上高） 　　11兆9,511億円 自動車　　　90.8% 販売金融　　9.2%	84.6% 北米　　　48.9% 欧州　　　15.4% アジア　　10.7% その他　　　9.6%	（有形固定資産） 　　　　　　71.4% 北米　　　　59.7% 欧州　　　　5.8% アジア　　　4.3% その他　　　1.6%
スズキ 所在地別海外比率 売上高　　63.2% 営業利益　51.6%	（売上高） 　　3兆7,572億円 四輪車　　　91.4% 二輪車　　　6.6% その他　　　2.0%	70.3% インド　　34.8% その他　　35.5%	（有形固定資産） 　　　　　　42.6% インド　　　34.5% その他　　　8.1%
マツダ 従業員海外比率 　　　　　21.9%	（売上高） 　　3兆4,740億円	81.8% 米州　　　32.1% 欧州　　　21.1% その他　　28.0%	（有形固定資産） 　　　　　　15.9% メキシコ　　8.7% その他　　　7.2%
SUBARU	（売上高） 　　3兆4,052億円 自動車　　　95.0% その他　　　5.0%	80.4% 北米　　　67.7% その他　　12.7%	（有形固定資産） 　　　　　　24.9% 北米　　　　24.8% その他　　　0.1%

会社名	売上高	売上高海外比率	長期性資産海外比率
三菱自動車	（売上高） 2兆1,923億円	84.1% アジア　　27.0% 欧州　　　20.7% 北米　　　16.1% その他　　20.3%	（有形固定資産） 　　　　　　　32.8% タイ　　　15.7% インドネシア　10.8% その他　　　6.3%

B　商用車

　バス / トラックなどの商用車は、中・大型車と小型車に分けることが出来る。わが国の場合、中・大型車（普通商用車）と小型車の垣根が3トンとなっており、小型商用車は、乗用車メーカーにとっても重要な事業であり、自社で製造している。従って、本項では中・大型車専業メーカーが対象となる。

　一方、国際的には、中・大型車は、5トン乃至6トン以上、小型車はそれ以下とされているが、その基準は確定的なものとはなっていない。中・大型車は、市場規模が限られるものの、1台あたりの単価、付加価値が高く、また製造技術面で乗用車と異なる部分が多いので、商用車専業メーカー独断の世界となっており、世界市場は、「ダイムラートラックスグループ（独）」（＝わが国の「三菱ふそうトラック・バス」を含む）、「Volvo グループ（スウェーデン）」（＝わが国の「UD トラックス」を含む）、「フォルクスワーゲングループ（独）」が大手グループを形成している。

会社名	売上高	売上高海外比率	長期性資産海外比率
いすゞ自動車	（売上高）2兆703億円	62.0% タイ　　　19.3% その他　　42.7%	（有形固定資産） 　　　　　　　18.3% タイ　　　　9.4% その他　　　8.9%

会社名	売上高	売上高海外比率	長期性資産海外比率
日野自動車	（売上高） 　　1兆8,379億円	38.8% タイ　　　　9.0% その他　　29.8%	（有形固定資産） 　　　　　　　19.5% タイ　　　　8.5% その他　　11.0%

C　二輪車

　二輪車は、わが国企業が世界市場の上位シェアを席捲しているが、世界市場に参入している4社のうち、専業は1社のみである。

会社名	売上高	売上高海外比率	長期性資産海外比率
ヤマハ発動機 （2017年12月期決算）	（売上高） 　　1兆6,700億円 二輪車　　　62.6% マリン　　　19.4% 特機・その他　18.0%	89.8% インドネシア 12.5% その他アジア 31.4% 北米　　　21.4% 欧州　　　12.8% その他　　11.7%	（有形固定資産） 　　　　　　　56.3% インドネシア 11.1% インド　　10.8% その他アジア 15.2% 北米　　　　9.8% その他　　　9.4%

（注1）兼業メーカー3社の二輪車事業の状況
　　「本田技研工業」　（二輪車事業　売上高　　　　　　　　1兆8,054億円）
　　「スズキ」　　　　（二輪車事業　売上高　　　　　　　　　2,338億円）
　　「川崎重工業」　　（モーターサイクル＆エンジン事業　売上高　3,347億円）

D　自動車部品

　わが国の自動車産業を支えているのは、多数の幅広い自動車部品製造会社の存在であるが、それら企業自身も納入先である組み立てメーカーの海外進出に伴って、それぞれ海外生産の体制を構築している。これら企業のうち一部は、取引を海外メーカーにまで広げている。

　自動車部品は予てよりエレクトロニクス化の進展とともに、多業界からの参入が目覚ましく、近年の自動車の EV 化や、自動運転技術開発の要請に伴って、この傾向はさらに高まっている。

会社名	売上高	売上高海外比率		長期性資産海外比率	
デンソー 従業員海外比率 　　　55.8%	（売上収益） 　　5兆1,082億円	59.6% 米国 その他	 18.8% 40.8%	（非流動資産）38.9%	
アイシン精機	（売上収益） 　　3兆9,089億円	53.6% 米国 中国 その他	 12.9% 18.0% 22.7%	（非流動資産）33.2% 米国 中国 その他	 11.1% 10.0% 12.1%
ジェイテクト	（売上高） 　　1兆4,411億円 自動車部品　88.8% 工作機械　　11.2%	62.8% 米国 欧州 中国 その他	 15.5% 15.3% 11.9% 20.1%	（有形固定資産） 　　　　54.8% 米国 欧州 中国 その他	 17.0% 10.8% 8.4% 18.6%
トヨタ紡織 所在地別海外比率 売上高　　49.8% 営業利益　73.0% 従業員海外比率 　　　68.3%	（売上高） 　　1兆3,995億円	51.8% 米国 中国 その他	 19.0% 10.6% 22.2%	（有形固定資産） 　　　　51.0% 米国 中国 その他	 13.7% 13.9% 23.4%
小糸製作所 従業員海外比率 　　　69.3%	（売上高）8,488億円	56.6% 北米 中国 アジア その他	 19.8% 19.5% 11.5% 5.8%	（有形固定資産） 　　　　71.1% 北米 中国 アジア 欧州	 29.7% 14.8% 16.9% 9.7%

会社名	売上高	売上高海外比率	長期性資産海外比率
豊田合成	（売上高）8,069億円	57.1% 米国　　20.9% 中国　　9.9% その他　26.3%	（有形固定資産） 　　　　　　　57.0% 米国　　27.8% 中国　　9.0% その他　20.2%
日本発條	（売上高）6,597億円	44.9% アジア　　27.9% 北米ほか 17.0%	（有形固定資産） 　　　　　　　38.0% アジア　　19.9% 北米ほか 18.1%
東海理化電機製作所 所在地別海外比率 売上高　　51.4% 営業利益　65.2% 従業員海外比率 　　　　　59.4%	（売上高）4,819億円	51.5% 米国　　15.6% その他　35.9%	（有形固定資産） 　　　　　　　51.2%
ティ・エス・テック 所在地別海外比率 売上高　　85.8% 営業利益　81.7% 従業員海外比率 　　　　　87.2%	（売上収益） 　　　　4,795億円	86.0% 米国　　33.7% 中国　　23.9% カナダ　10.7% その他　17.7%	（非流動資産）63.4% 米国　　20.0% 中国　　15.3% その他　28.1%
住友理工	（売上高）4,628億円	60.4% 米国　　15.4% 中国　　15.4% その他　29.6%	（非流動資産）51.6% 米国　　11.4% 中国　　11.5% その他　28.7%

会社名	売上高	売上高海外比率	長期性資産海外比率
スタンレー電気	（売上高）4,421億円	61.8%	（有形固定資産）
		米州　　21.8%	50.6%
		アジア・大洋州	米州　　17.2%
		16.7%	アジア・大洋州
		中国　　20.6%	11.8%
		その他　2.7%	中国　　20.6%
			その他　1.0%
フタバ産業	（売上高）4,404億円	48.8%	（有形固定資産）
		米国　　23.8%	46.9%
所在地別海外比率		中国　　12.1%	米国　　14.6%
売上高　　45.5%		その他　12.9%	中国　　13.8%
営業利益　50.4%			その他　18.5%
従業員海外比率			
59.3%			
日本特殊陶業	（売上高）4,099億円	83.5%	（有形固定資産）
		北米　　6.4%	20.9%
		欧州　　26.1%	アジア　10.7%
		アジア　19.9%	その他　10.2%
		その他　11.1%	
KYB	（売上高）3,923億円	54.5%	（非流動資産）37.8%
		欧州　　15.6%	欧州　　9.2%
		米国　　9.2%	米国　　4.9%
		中国　　8.7%	中国　　6.0%
		アジア　7.4%	アジア　8.0%
		その他　13.6%	その他　9.7%
ミツバ	（売上高）3,871億円	71.7%	（有形固定資産）
	輸送用機器関連	米州　　28.1%	60.3%
	95.9%	アジア　38.8%	米州　　14.9%
	情報サービス、他	欧州　　4.8%	アジア　39.8%
	4.1%		欧州　　5.6%

会社名	売上高	売上高海外比率		長期性資産海外比率	
ケーヒン 所在地別海外比率 売上高　　74.9% 営業利益　78.7% 従業員海外比率 　　　　　74.0%	（売上収益） 3,514億円	80.4% 米国 タイ 中国 その他	 24.1% 9.7% 23.1% 23.5%	（非流動資産） 米国 タイ 中国 その他	64.5% 16.2% 12.4% 10.1% 25.8%
ユニプレス 所在地別海外比率 売上高　　68.2% 営業利益　68.4% 従業員海外比率 　　　　　68.4%	（売上高）3,308億円	68.3% 米州 欧州 アジア	 31.5% 11.1% 25.7%	（有形固定資産） 米州 欧州 アジア	 68.7% 32.0% 10.0% 26.7%

（注1）その他の主要企業
1．「豊田自動織機」
　　後段の［VI 機械（P. 218）］で、当社を運搬機械（フォークリフト）製造業
　　と紹介しているが、自動車組み立て・部品製造事業についても、2018年3月
　　期は、売上高5,950億円を計上している。

2．「矢崎総業（非上場）」（自動車用ワイヤーハーネス製造世界トップ）
　　2018年6月期　売上高　1兆9,266億円　海外子会社　45カ国100社（同社
　　HP より）

3．「カルソニックカンセイ（非上場）」（自動車部品、排気・空調・熱交換器な
　　ど、2019年5月に社名変更して「マレリー」に）
　　2018年3月期　売上高　9,986億円　海外子会社　12カ国27社（同社の HP
　　より）

（注2）自動車産業は裾野の広がりが大きく、他業種から以下の企業も参入して
　　　　いる。
1．「日立製作所」
　　オートモティブ事業が全社売上高の10.6%を占めている。

2．「パナソニック」
　　自動車関連事業が全社売上高の33.3％を占めている。

3．「三菱商事」
　　「いすゞ」のタイ製造会社に一部出資して、販売、金融など幅広く現地事業
　　に関与している。

4．「住友商事」
　　「マツダ」のメキシコ事業に一部（30％）出資し、事業立ち上げ以来関与
　　している。

5．「豊田通商」
　　企業買収（M&A）で傘下とした、フランス子会社「CFAO社」を通じて、
　　アフリカにおける事業展開に注力している。

6．「住友電気工業」
　　ワイヤーハーネスでは、矢崎総業と並ぶ世界トップクラスのメーカーとなっ
　　ている。

IV　エレクトロニクス

　　エレクトロニクス事業各社は、かつて白物家電や AV 商品などを主力
として、わが国製造業の海外進出を主導したが、その後の IT 革命など
事業モデルの激変を受けて構造改革を迫られ、その間に海外事業も停滞
した。しかし現在は新たな事業多様化の時代に入って、再び「海外直接
投資」に力が注がれている。

会社名	売上高	売上高海外比率	長期性資産海外比率
日立製作所	（売上収益） 　　　9兆3,686億円 社会・産業システム 　　　22.8% 情報通信システム 　　　20.2% 高機能材料　17.1% オートモティブシス テム　　　10.6% 電子装置システム 　　　10.4% その他　18.9%	50.5% アジア　22.2% 北米　12.6% 欧州　10.3% その他　5.4%	（有形固定資産） 　　　47.8% アジア　11.9% 北米　16.5% 欧州　14.3% その他　5.1%
ソニー	（売上高及び営業収 入）　8兆5,439億円 ゲーム　21.6% ホームエンタテイメ ント　　14.3% モバイル　20.1% 金融　14.4% その他　29.6%	69.3% 米国　21.5% 欧州　21.6% アジア・太平洋 　　　12.0% 中国　7.9% その他　6.3%	（有形固定資産） 　　　23.8% 米国　13.2% 欧州　3.2% アジア・太平洋 　　　5.0% 中国　1.5% その他　0.9%

会社名	売上高	売上高海外比率	長期性資産海外比率
パナソニック	（売上高） 　　　　7兆9,821億円 自動車関連　　33.3% アプライアンス 　　　　　　29.5% エコソリューション 　　　　　　17.7% AVC ネットワーク 　　　　　　13.2% その他　　　6.3%	53.3% 米州　　　17.1% 欧州　　　10.3% アジア他 25.9%	（非流動資産）　44.8% 米州　　　　　18.4% 欧州　　　　　8.5% アジア他　　　17.9%
三菱電機	（売上高及び営業損益）　4兆4,312億円 産業メカトロニクス 　　　　　　32.3% 重電システム 27.8% 家庭電器　　23.3% その他　　　16.6%	45.3% 北米　　　9.4% アジア　24.3% 欧州　　　9.7% その他　　1.9%	（長期性資産）　28.7% 北米　　　　　3.6% アジア　　　　17.4% 欧州　　　　　7.5% その他　　　　0.2%
富士通	（外部収益） 　　　　4兆983億円 テクノロジー S. 　　　　　　73.0% ユビキタス S.13.2% その他　　　13.8% （S. は、ソリューションの略）	36.8% EMEIA 19.5% 米州　　　6.8% アジア　　8.1% オセアニア 　　　　　2.4%	（非流動資産）　19.8% EMEIA　　　10.9% 北米　　　　　3.0% アジア　　　　2.8% オセアニア　　3.1%

会社名	売上高	売上高海外比率	長期性資産海外比率
東芝	（売上高） 　　3兆9,476億円 インフラシステム S.　　　　30.6% ストレージ＆デバイ ス　　　　21.8% エネルギーシステ ム　　　　20.1% リテール＆プリン ティング　　13.2% その他　　14.3% （S.は、ソリュー ションの略）	42.8% アジア　22.8% 北米　　9.5% 欧州　　6.8% その他　3.7%	（有形固定資産） 　　　　　27.3% アジア　19.9% 北米　　4.6% 欧州　　2.6% その他　0.2%
日本電気	（売上高） 　　2兆8,444億円 パブリック事業 　　　　　33.0% システムプラット フォーム　25.1% テレコムキャリア 　　　　　20.4% その他　21.5%	26.0% 米州　　　　6.5% EMEA　　5.4% 中華圏APAC 　　　　　14.1%	（非流動資産）19.5% 米州　　　　5.9% EMEA　　10.6% 中華圏APAC　3.0%
シャープ	（売上高） 　　2兆4,272億円 スマートホーム 　　　　　24.5% スマートビジネス 　　　　　13.3% IoTエレクトロデバ イス　　　18.9% アドバンスディスプ レイ　　　43.3%	73.0% 中国　　46.1% その他　26.9%	（有形固定資産） 　　　　　26.6% 中国　　10.7% その他　15.9%

会社名	売上高	売上高海外比率	長期性資産海外比率
京セラ 所在地別海外比率 売上高　　58.0% 営業利益　66.6%	（純売上高） 　　1兆5,770億円 ドキュメントS. 　　　　　　23.5% 電子デバイス19.3% 産業・自動車用部品 　　　　　　18.2% 半導体関連部品 　　　　　　16.3% コミュニケーション 　　　　　　16.2% その他　　　6.5% （S.は、ソリュー ションの略）	61.1% アジア　　23.1% 欧州　　　19.8% 米国　　　14.2% その他　　4.0%	（長期性資産）35.5% アジア　　　15.8% 欧州　　　　9.4% 米国　　　　7.8% その他　　　2.5%
日本電産 （タイ・シンガ ポール・香港・ド イツの事業） 所在地別海外比率 売上高　　35.1% 営業利益　29.3% 同上事業の従業員 海外比率　25.9%	（連結売上高） 　　1兆4,880億円 精密小型モータ 　　　　　　38.0% 車載・家電・商業・ 産業用　　47.1% 機器装置、電子・光 学部品ほか　14.9%	79.4% （地域別セグメ ント） 中国　　　23.5% 米国　　　17.0% タイ　　　8.8% ドイツ　　8.7% その他　　21.4%	（非流動資産） 　　　　　　75.3% （地域別セグメント） 中国　　　13.2% 米国　　　18.3% タイ　　　4.9% ドイツ　　6.0% その他　　32.9%
村田製作所	（売上高） 　　1兆3,718億円 コンポーネント 　　　　　　67.4% モジュールほか 　　　　　　32.6%	91.7% 米州　　　11.4% 欧州　　　7.7% 中華圏　　55.4% アジア他17.2%	（長期性資産）30.0% 米州　　　　0.6% 欧州　　　　2.3% 中華圏　　　17.2% アジア他　　9.9%

会社名	売上高	売上高海外比率	長期性資産海外比率
TDK	（売上高） 1兆2,717億円 受動部品　　34.4% 磁気応用製品 26.2% フィルム応用部品 　　　　　　29.2% その他　　　10.2%	91.1% 米州　　　8.9% 欧州　　13.1% 中国　　52.8% アジア他 16.3%	（有形固定資産） 　　　　　　70.4% 米州　　　5.3% 欧州　　13.0% 中国　　44.2% アジア他　7.9%
富士電機	（売上高）8,934億円 パワエレシステム・ エネルギー S. 　　　　　　24.4% パワエレシステム・ インダストリー S. 　　　　　　34.6% 発電　　　10.8% 電子デバイス 13.8% 食品流通他　16.4% （S. は、ソリュー ションの略）	24.5% 米州　　　1.7% 欧州　　　2.0% 中国　　　8.4% アジア他 12.4%	（有形固定資産） 　　　　　　22.0% 米州　　　0.4% 欧州　　　0.4% 中国　　　8.4% アジア他　12.8%
オムロン	（連結売上高） 　　　　8,600億円 制御機器　　46.1% 電子部品　　12.0% 車載　　　15.3% 社会・システム 　　　　　　7.4% ヘルスケア　12.6% その他　　　6.6%	60.4% 米州　　13.8% 欧州　　13.7% 中華圏　20.0% 東南アジア他 　　　　12.9%	（有形固定資産） 　　　　　　49.1% 米州　　10.1% 欧州　　　3.6% 中華圏　25.4% 東南アジア他 10.0%
アルプス電気	（売上高）8,583億円 電子部品　　60.0% 車載情報機器 31.2% その他　　　8.8%	81.8% 米国　　15.8% 中国　　18.1% ドイツ　　7.8% その他　40.1%	（有形固定資産） 　　　　　　41.2% 中国　　23.6% その他　17.6%

会社名	売上高	売上高海外比率	長期性資産海外比率
ルネサスエレクトロニクス	（売上高）7,802億円 自動車用半導体 46.4% 汎用半導体 50.4% その他 3.2%	57.8% 中国 19.3% アジア 14.4% 欧州 14.0% 北米その他 10.1%	（有形固定資産） 30.2% マレーシア 13.0% 中国 12.2% 北米その他 5.0%
キーエンス	（売上高）5,268億円 電子応用機器 100%	53.3% 米国 15.0% 中国 12.2% その他 26.1%	（有形固定資産） 27.5%
横河電機	（売上高）4,065億円 制御 89.4% 計測 5.5% 航機その他 5.1%	67.9% アジア 27.5% 中東 10.8% 欧州 8.0% 北米・その他 21.6%	（有形固定資産） 30.6% アジア 16.0% 欧州 8.9% 北米・その他 5.7%
ローム	（売上高）3,971億円 LSI 46.2% 半導体素子 37.8% モジュール 10.5% その他 5.5%	68.4% 中国 31.2% その他 37.2%	（有形固定資産） 39.0% 中国 7.9% タイ 11.8% フィリピン 10.7% その他 8.6%
パイオニア	（売上高）3,654億円 カーエレクトロニクス 81.9% その他 8.1%	58.5% 北米 21.0% 欧州 7.8% 中国 11.0% その他 18.7%	（有形固定資産） 46.1% タイ 18.8% 中国 9.5% その他 17.8%
カシオ計算機	（売上高）3,148億円 コンシューマ 85.4% システム他 14.6%	68.1% 北米 12.5% 欧州 17.1% アジア 27.7% その他 10.8%	（有形固定資産） 14.4% アジア 11.6% その他 2.8%

会社名	売上高	売上高海外比率	長期性資産海外比率
JVC・ケンウッド	(売上高) 3,006億円	56.5%	(非流動資産) 40.0%
	オートモティブ	米州 22.7%	米州 4.5%
	57.0%	欧州 19.6%	欧州 15.0%
	パブリックサービス	アジア 12.7%	アジア 20.5%
	21.6%	その他 11.5%	
	メディアサービス他		
	21.4%		

V　鉄鋼・非鉄金属・電線/金属加工

A　鉄鋼

　わが国の製鉄企業は鉄鋼原料を求めて、戦後の早い時期から鉄鉱石産地のブラジルに、1956年「ウジミナス社」、1973年「ツバロン製鉄」などの一貫製鉄所を建設し事業を行ってきた。

　その後、1980年代、わが国から米国への鉄鋼製品輸出が貿易摩擦に発展した際には、各社ともその被害回避のために、米国の同業者に対しての出資を含む提携を行った。

　その頃ほかの地域では、中国、韓国、ルクセンブルグ「アルセロール・ミタル社」などの巨大ライバル企業が台頭し、以来、世界各地で激しい競争が展開されている。

　わが国大手企業の海外投資の内容としては、「原料調達（鉄鉱石、原料炭）」、「現地製鉄所の建設」、「二次製品製造工場建設」などの形で行われているが、国内生産設備の規模が巨大なために「長期性資産海外比率」は10%以下に留まっており、開示されていない。

　　1．「新日鐵住金（現在、日本製鉄）」（売上高）　5兆6,686億円
　　　　（売上高海外比率）34.6%
　　2．「ジェイエフイーH.」（売上高）　3兆6,786億円
　　　　（売上高海外比率）33.5%
　　3．「神戸製鋼所」（売上高）　1兆8,811億円（内、鉄鋼・溶接40.9%）
　　　　（売上高海外比率）34.5%

B　非鉄金属

　海外における非鉄金属鉱山の開発は、いずれも産地が都会から遠い過疎、遠隔地のために、まず搬出インフラ建設からスタートし、超長期の投資となるという、他業に類を見ない困難さを抱えている。

そこでは資源開発に付きものの「専門的鉱山技術」、「巨額・長期の資金」、「長期的市場動向の見極め」など、他業種には見られない課題が多い。

　そのような条件下、専業の金属事業会社は、販売力と資金力のある総合商社と連携して投資を行っている。

会社名	売上高（売上収益）	売上高海外比率		長期性資産海外比率	
三菱マテリアル	（売上高）　　　　1兆5,995億円	45.9%		（有形固定資産）　　　　　18.9%	
	金属　　　　53.4%	アジア	32.5%	アジア	5.3%
	セメント　　11.8%	米国	9.0%	米国	12.4%
	アルミ　　　9.2%	その他	4.4%	その他	1.2%
	その他　　　25.6%				
日立金属	（売上収益）9,883億円	56.3%		（有形固定資産）　　　　　40.3%	
	素形材製品　36.4%	北米	29.8%	北米	31.7%
	高機能部品　29.4%	アジア	20.0%	アジア	8.3%
	電線材料　　23.3%	その他	6.5%		
	磁性材料・その他　　　　　　　10.9%				
住友金属鉱山	（売上高）9,335億円	43.4%		（有形固定資産）　　　　　65.2%	
	精錬　　　　68.4%	東アジア	16.7%	フィリピン	43.6%
	材料　　　　18.0%	東南アジア	8.4%	米国	20.4%
	資源　　　　13.0%	北米	15.6%	その他	1.2%
	その他　　　0.6%	その他	2.7%		
UACJ	（売上高）6,242億円	41.2%		（有形固定資産）　　　　　45.3%	
	アルミ圧延　70.3%	米国	21.5%	米国	20.0%
	加工品ほか　29.7%	その他	19.7%	タイ	23.3%
				その他	2.0%

会社名	売上高（売上収益）	売上高海外比率	長期性資産海外比率
三井金属鉱業	（売上高）5,192億円 機能材料　30.9% 金属　30.5% 自動車部品　19.7% その他　18.9%	44.2% 中国　13.0% アジア　19.9% 北米　8.0% その他　3.3%	（有形固定資産） 　27.4% アジア　20.9% 北米　3.4% その他　3.1%
日本軽金属H.	（売上高）4,814億円 アルミナ・化成品 　23.1% 加工製品　35.1% 板・押出　22.2% 箔・粉末　19.6%	20.3%	（有形固定資産） 　12.4%
DOWA H.	（売上高）4,547億円 精錬　3.4% 金属加工　19.9% 電子材料　16.6% 環境・その他　20.1%	23.8% アジア　10.9% 中国　8.0% 欧州　3.6% 北米・その他　1.3%	（有形固定資産） 　15.3% アジア　13.4% 北米・その他　1.9%

（注１）その他の主要企業
1．「JX金属」（「JXTG H.」傘下の金属鉱山開発会社＝旧「日本鉱業」）
　　2018年3月期　部門売上高　9,659億円
　　（銅・鉛・亜鉛）チリ

2．「三菱商事」
　　（鉄鉱石）オーストラリア、ブラジル、南アフリカ、チリ、カナダ
　　（銅・鉛・亜鉛）チリ、ペルー、ザンビア、カナダ、パプアニューギニア、インドネシア
　　（ニッケル・アルミニウム）インドネシア、マレーシア、オーストラリア、モザンビーク
　　（レアメタル・レアアース）アルゼンチン、ブラジル

3．「伊藤忠商事」
　　（鉄鉱石）オーストラリア、ブラジル、
　　（銅・鉛・亜鉛）カナダ、チリ
　　（ニッケル）米国

（金・プラチナ）南アフリカ、米国

4．「三井物産」
　　（鉄鉱石）オーストラリア、ブラジル
　　（銅・鉛・亜鉛）チリ
　　（ニッケル・アルミニウム）フィリピン、ニューカレドニア、ラオス
　　（レアメタル）カナダ、チリ、ペルー

5．「住友商事」
　　（鉄鉱石）ブラジル、南アフリカ
　　（銅・鉛・亜鉛）米国、チリ、ペルー、ボリビア、オーストラリア、インド
　　ネシア
　　（ニッケル・アルミニウム）マダガスカル、ニューカレドニア、ブラジル、
　　マレーシア、オーストラリア

6．「丸紅」
　　（鉄鉱石）オーストラリア
　　（銅・鉛・亜鉛）チリ
　　（アルミニウム）カナダ

7．「豊田通商」
　　（錫）モロッコ
　　（レアメタル・レアアース）アルゼンチン、カナダ、インド、ベトナム、チ
　　リ

8．「双日」
　　（鉄鉱石）オーストラリア
　　（銅・鉛・亜鉛）カナダ、ラオス
　　（ニッケル・アルミニウム）フィリピン、オーストラリア
　　（レアメタル・レアアース）ポルトガル、ブラジル、オーストラリア、ベト
　　ナム

C　電線／金属加工

　主要な企業は、銅を原料とする電線技術から発展して、エレクトロニクス、自動車部品などに事業を多角化展開し、さらに海外へも投資を行っている。

会社名	売上高（売上収益）		売上高海外比率		長期性資産海外比率	
住友電気工業	（売上高） 　　　　3兆822億円 自動車　　　52.9% 環境・エネルギー 　　　　　　22.8% 産業資材　　9.8% その他　　14.7%		59.7% 中国 アジア 米国 その他	 16.9% 14.2% 12.5% 16.1%	（有形固定資産） 　　　　　47.7% 中国 アジア 米州 その他	 10.3% 18.2% 10.0% 9.2%
古河電気工業	（売上高）9,673億円 電装エレクトロニクス　　　　51.9% インフラ　　29.4% 機能製品　　14.9% その他　　　3.8%		47.2% 中国 アジア 北中米 その他	 10.0% 20.0% 8.8% 8.4%	（有形固定資産） 　　　　　40.6% アジア 米国 その他	 25.4% 11.0% 4.2%
東洋製缶 G. H.	（売上高）7,852億円		19.3% アジア その他	 12.9% 6.4%	（有形固定資産） 　　　　　14.7% アジア その他	 13.1% 1.6%
フジクラ	（売上高）7,400億円 エネルギー・情報通信　　　　50.2% エレクトロニクス 　　　　　　26.5% 自動車電装　21.2% その他　　　2.1%		62.5% 米国 中国 その他	 19.1% 14.4% 29.0%	（有形固定資産） 　　　　　46.5% タイ 中国 その他	 24.6% 9.5% 12.4%

VI　機械

　わが国の機械産業は、多彩な製品に溢れている。それら企業の海外事業も、各社それぞれの歴史、環境、戦略などによって様々な形態で行われている。

　本項では比較上の便宜から、「A　産業機械・輸送機械」、「B　産業用ロボット・工作機械」、「C　建設機械・農業機械・フォークリフト」、「D　カメラ・時計・精密機械」、「E　事務機器」、「F　ベアリング」、「G　各種機械」に分けて順に記載する。

A　産業機械・輸送機械

　本項では、エネルギー（諸発電機器）、輸送機（造船・車両・航空機）、各種プラント類、宇宙開発など、重機械と呼ばれる大型機械製造企業の海外直接投資の状況を見る。

会社名	売上高		売上高海外比率		長期性資産海外比率
三菱重工業	（売上高） 　　　　4兆1,108億円 インダストリー＆社 会基盤　　　45.6% パワー　　　35.9% 航空・防衛・宇宙 　　　　　　17.5% その他　　　1.0%		54.2% 米国　　　15.3% アジア　　16.9% 欧州　　　11.9% その他　　10.1%		（有形固定資産） 　　　　　　20.0%

会社名	売上高	売上高海外比率		長期性資産海外比率	
IHI	（売上高） 　　　　1兆5,903億円 航空・宇宙・防衛 　　　　　　　29.0% 資源・エネルギー・ 環境　　　　30.7% 産業システム・汎用 機械　　　　28.2% 社会基盤・海洋 9.1% その他　　　　3.0%	50.8% 米国 アジア 欧州 その他	 22.1% 17.0% 8.3% 3.4%	（有形固定資産） 北米 アジア 欧州	 12.0% 1.3% 5.4% 5.3%
川崎重工業	（売上高） 　　　　1兆5,742億円 航空宇宙　　21.0% 二輪車　　　21.1% ガスタービン・機械 　　　　　　16.9% 精密機械　　12.6% 車両　　　　9.0% プラント・その他 　　　　　　7.9% 船舶海洋・その他 　　　　　　11.5%	57.5% 米国 アジア 欧州 その他	 24.1% 15.1% 10.9% 7.4%	（有形固定資産） 北米 アジア その他	 12.4% 5.8% 5.7% 0.9%
住友重機械	（売上高）7,910億円 建設機械　　32.9% 精密機械　　21.4% 環境プラント 15.4% 機械　　　　13.8% 産業機械　　10.6% 船舶・その他　5.9%	53.8% 米国 中国 その他	 18.1% 10.2% 25.5%	（有形固定資産） 23.6%	

会社名	売上高		売上高海外比率		長期性資産海外比率
三井 E&S H.	（売上高）7,032億円		59.1%		（有形固定資産）
	船舶	16.0%	ブラジル	12.9%	5.9%
	海洋開発	27.2%	アジア	12.7%	
	機械	25.8%	アフリカ	11.6%	
	エンジニアリング		その他	21.9%	
		25.7%			
	その他	5.3%			

B　産業用ロボット・工作機械

　わが国の産業用ロボットや工作機械の企業は、世界をリードしつつ売上を伸ばしているが、売上高海外比率に較べて相対的に低い長期性資産海外比率は、製造面で国内の比重が高いことを反映している。

会社名	売上高		売上高海外比率		長期性資産海外比率	
安川電機	（売上高）4,485億円		70.1%		（有形固定資産）	
（2018年2	モーションコント		米州	13.9%		36.4%
月期）	ロール	47.3%	欧州	13.6%	米州	7.6%
	ロボット	36.4%	中国	23.0%	欧州	9.4%
	その他	16.3%	アジア	14.1%	中国	15.4%
			その他	5.5%	アジア	3.7%
					その他	0.3%
DMG 森精	（売上収益）4,296億円		84.7%		（非流動資産）79.6%	
機	マシンツール	72.6%	ドイツ	23.3%	ドイツ	33.2%
（2017年12	インダストリアル		米州	18.3%	米州	3.5%
月期）	サービス	27.4%	その他 欧州	33.0%	その他欧州	39.1%
			中国・アジア	10.1%	中国・アジア	3.8%

会社名	売上高	売上高海外比率		長期性資産海外比率	
アマダ H.	（売上高）3,006億円	56.5%		（有形固定資産）	
		北米	19.2%		28.0%
		欧州	19.6%	北米	8.6%
		アジア	16.3%	欧州	10.8%
		その他	1.4%	その他	8.6%

（注1）その他の主要企業

　　　「ファナック」（わが国最大のロボット、FA 製造会社）

　　　2018年度　売上高：7,266億円

　　　　　ロボット　　　　31.4%

　　　　　FA　　　　　　 30.6%

　　　　　ロボマシン　　　26.2%

　　　　　その他　　　　　11.8%

　　　売上高海外比率：81.1%

　　　　　内、米州　　　　19.9%

　　　　　欧州　　　　　　15.2%

　　　　　アジア・その他　46.0%

　　　長期性資産海外比率：10%以下

C　建設機械・農業機械・フォークリフト

　建設機械、農業機械などの主要企業は、いずれも積極的な「海外直接投資」によって、海外の同業他社と競いつつ、世界に事業を拡大している。

会社名	売上高	売上高海外比率	長期性資産海外比率
小松製作所 所在地別海外比率 売上高　　75.3% 営業利益 　　　開示なし	（売上高） 　　　2兆5,011億円 建設機械・車両 　　　　　90.7% その他　　9.3%	84.2% 米州　　37.0% 欧州・CIS 　　　　12.1% 中国　　7.7% アジア・オセアニア　　20.7% その他　6.7%	（有形固定資産） 　　　　　51.4% 米州　　29.8% 欧州・CIS　5.5% その他　16.1%
豊田自動織機	（売上高）2兆39億円 産業車両　64.0% 自動車　29.7% その他　6.3%	72.0% 米国　28.2% その他　43.8%	（非流動資産）64.8% 米国　29.7% オランダ　13.6% その他　21.5%
クボタ （2017年12月期）	（売上高） 　　　1兆7,515億円	67.8% 北米　31.2% アジア　19.6% 欧州　12.9% その他　4.1%	（有形固定資産） 　　　　　43.2% 北米　16.9% アジア　16.3% 欧州　9.0% その他　1.0%
日立建機	（売上収益） 　　　9,591億円 建設機械　90.4% その他　9.6%	79.9% アジア・大洋州 　　　　30.5% 米州　15.9% 欧州　10.9% 中国　12.2% その他　10.4%	（有形固定資産） 　　　　　43.2% アジア・大洋州 　　　　31.0% 米州　8.5% その他　3.7%
ダイフク	（売上高）4,090億円 ダイフク　45.7% DNAHC　24.4% その他　29.9%	67.6% 米国　21.7% 中国　17.7% 韓国　12.4% その他　15.8%	（有形固定資産） 　　　　　32.5% 米国　13.5% その他　19.0%

（注1）その他の主要企業

　　　　「ヤンマー」（非上場＝農業機械）2018年3月期　売上高　7,661億円

D　カメラ・時計・精密機械

　わが国が伝統的に得意とするカメラ、時計、精密機械の各社は、その販売を大きく世界市場に依存しつつ、海外生産への移行にも取り組んでいる。

会社名	売上高	売上高海外比率	長期性資産海外比率
コニカミノルタ	1兆312億円 オフィス　　　56.6% プロフェッショナル プリント　　　20.8% 産業用材料・機器 　　　　　　　11.5% ヘルスケア・その他 　　　　　　　11.1%	81.0% 米国　　　　26.3% 欧州　　　　31.5% 中国　　　　7.8% アジア・その他 　　　　　　15.4%	（非流動資産）61.6% 米国　　　　36.1% 欧州　　　　19.0% その他　　　6.5%
オリンパス	（売上高）7,865億円 医療　　　　78.4% 科学　　　　12.7% 映像・その他　8.9%	80.4% 北米　　　　33.4% 欧州　　　　24.3% アジア・オセアニア・その他　22.7%	（非流動資産）60.2% 米州　　　　41.9% 欧州・中東　12.8% アジア・オセアニア 　　　　　　5.3%
ニコン	（売上収益）7,170億円 映像　　　　50.3% 精機　　　　31.6% その他　　　18.1%	85.7% 米国　　　　24.8% 欧州　　　　17.1% 中国　　　　22.7% その他　　　21.1%	（非流動資産）42.9% 欧州　　　　26.2% タイ　　　　12.4% 北米　　　　2.5% その他　　　1.8%
島津製作所	（売上高）3,765億円 計測機器　　61.4% 医用機器　　17.5% 産業機器　　11.7% その他　　　9.4%	50.2% 米州　　　　11.1% 欧州　　　　7.3% 中国　　　　18.2% アジア　　　9.1% その他　　　4.5%	（有形固定資産） 　　　　　　15.1%

会社名	売上高	売上高海外比率	長期性資産海外比率
シチズン時計	(売上高) 3,200億円 時計　　　　　51.2% デバイス　　　20.5% 工作機械　　　20.0% 電子機器・その他 　　　　　　　　8.3%	67.1% アジア　　　31.1% 米州　　　　19.2% 欧州　　　　15.9% その他　　　　0.9%	(有形固定資産) 　　　　　　　29.2% アジア　　　21.7%

E　事務機器

わが国のオフィス関連機器各社は、高い海外売上高に対応すべく、現地生産への投資を拡大しつつある。

会社名	売上高	売上高海外比率	長期性資産海外比率
キヤノン	(売上高) 　　　　4兆800億円 オフィス　　　45.7% イメージングシステム　　　　27.8% メディカルシステム 　　　　　　　10.7% 産業機器・その他 　　　　　　　15.8%	78.3% 米州　　　　27.1% 欧州　　　　25.2% アジア・大洋州 　　　　　　26.0%	(長期性資産) 30.1% 米州　　　　 9.2% 欧州　　　　11.3% アジア・大洋州 　　　　　　 9.6%
リコー	(売上高)2兆633億円 オフィスプリンティング　　　　55.4% オフィスサービス 　　　　　　　21.7% 商用印刷　　　9.0% サーマル・その他 　　　　　　　13.9%	61.2% 米国　　　　28.0% 欧州・中東・アフリカ　　　　23.1% その他　　　10.1%	(非流動資産) 42.9% 米国　　　　18.4% 欧州・中東・アフリカ　　　　18.2% その他　　　 6.3%

会社名	売上高	売上高海外比率		長期性資産海外比率	
セイコーエプソン	（売上収益） 　　　　1兆1,021億円 プリンター　　66.8% 液晶プロジェクター類 　　　　　　18.0% ウォッチ・その他 　　　　　　14.4% その他　　　0.8%	77.3% 米国 中国 その他	 19.6% 13.1% 44.6%	（非流動資産）39.3% フィリピン　12.6% インドネシア　9.2% 中国　　　　7.1% その他　　　10.4%	

（注1）その他の主要企業
「富士ゼロックス」2018年3月期　売上高　1兆478億円
「富士フイルムH.」（75%保有）の「ドキュメントソリューション事業」の担い手として、オフィス関連機器の業界大手。25%を保有する米国「ゼロックス社」との世界市場棲み分けの合意のもとで、海外事業展開を行っている。
（「富士フイルムH.」は2019年11月出資比率を100%に引きあげると発表している）

F　ベアリング

ベアリングは、各種機械の用途のなかでも特に重要な自動車部品として位置付けられ、自動車会社の海外進出と並行して海外生産を拡大している。

会社名	売上高	売上高海外比率		長期性資産海外比率	
日本精工	（売上高）1兆203億円 自動車向軸受　70.9% 産業機械向軸受・その他　　　　　26.1% その他　　　4.0%	63.5% 米州 欧州 中国 アジア	 15.2% 13.5% 20.8% 14.0%	（非流動資産）50.2% 米州 欧州 中国 アジア	 8.4% 9.5% 19.6% 12.7%

会社名	売上高	売上高海外比率		長期性資産海外比率	
ミネベアミツミ	（売上高）8,791億円 機械加工品 20.1% 電子機器 51.4% ミツミ事業 28.5%	74.7% 中国 タイ 米国 欧州 その他	29.3% 4.5% 20.4% 8.4% 12.1%	（有形固定資産） タイ 中国 その他	69.0% 36.5% 8.9% 23.6%
NTN 従業員海外比率 66.5%	（売上高）7,443億円 軸受、等速ジョイント、精密機器商品を、「日本」「米州」「欧州」「アジア」の地域別セグメントで管理している。	72.6% 米州 欧州 アジア他	27.1% 23.6% 21.9%	（有形固定資産） 米州 欧州 アジア他	60.6% 25.3% 17.2% 18.1%

G　各種機械

　わが国には世界をリードする多様な機械メーカーがあり、それぞれ「海外直接投資」によって、世界に事業を拡大している。

会社名	売上高	売上高海外比率		長期性資産海外比率	
ダイキン工業	（売上高） 　2兆2,905億円	76.3% 米国 中国 アジア・大洋州 欧州 その他	24.1% 16.7% 15.2% 14.5% 5.8%	（有形固定資産） 米国 中国 アジア・大洋州 欧州 その他	66.0% 27.1% 15.6% 12.6% 8.8% 1.9%

会社名	売上高		売上高海外比率		長期性資産海外比率	
東京エレクトロン	（売上高） 1兆1,307億円 半導体製造装置 93.3% FPD製造装置・他 6.7%		86.8% 米国 欧州 韓国 台湾 中国 その他	 10.5% 14.5% 33.5% 15.4% 14.5% 1.6%	（有形固定資産） 22.5%	
NOK	（売上高）7,293億円 シール 46.2% 電子部品 49.5% その他 4.3%		67.2% 中国 39.9% その他 27.3%		（有形固定資産） 56.6% 中国 25.3% タイ 13.7% その他 17.6%	
SMC	（売上高）5,910億円 自動制御機器事業 99.7% その他 0.3%		69.7% 米国 11.5% 中国 19.2% アジア 18.2% 欧州 16.0% その他 4.8%		（有形固定資産） 58.0% 中国 19.1% アジア 17.0% その他 21.9%	
荏原製作所 （2017年12月期） 決算期変更の為に今期に限り9カ月決算となっている。	（売上高）3,820億円 （9カ月） 風水力 59.1% 精密電子 28.1% 環境プラント・他 12.8%		60.1% アジア 35.3% 北米 9.2% その他 15.6%		（有形固定資産） 31.5% アジア 10.1% 北米 18.0% その他 3.4%	
マキタ	（売上高）4,772億円		82.7% 欧州 42.3% 北米 15.5% アジア 9.2% その他 15.7%		（長期性資産）60.8% 欧州 24.1% 北米 4.6% アジア 25.5% その他 6.6%	

会社名	売上高		売上高海外比率		長期性資産海外比率	
リンナイ	(売上高) 3,470億円		48.8%		(有形固定資産)	
			韓国	10.1%		35.7%
			中国	14.1%	韓国	10.7%
			アジア	6.8%	アジア	14.8%
			その他	17.9%	その他	10.2%
シマノ (2017年12 月期)	(売上高) 3,358億円		88.6%		(有形固定資産)	
	自転車部品	80.5%	北米	10.7%		43.2%
	釣り具他	19.5%	欧州	38.2%	北米	5.8%
			アジア	34.7%	欧州	5.8%
			その他	5.0%	アジア	29.6%
					その他	2.0%
ミスミ G. 本社	(売上高)		46.8%		(有形固定資産)	
		3,129億円	中国	18.2%		62.1%
	FA	33.6%	アジア	13.5%	中国	25.2%
	金型部品	24.5%	米国	8.6%	ベトナム	21.0%
	VONA	41.9%	欧州ほか	6.5%	米国	8.8%
					その他	7.1%

Ⅶ　化学品・医薬品・化粧品/トイレタリー（生活用品）

本項では、「Ａ　化学品」、「Ｂ　医薬品」、「Ｃ　化粧品/トイレタリー（生活用品）」の順に見ていく。

Ａ　化学品

初期のわが国化学企業の海外進出は、1959年「シンガポール石油コンビナート」建設から始まった。それ以降、特に1990年代後半から、化学業界各社は、素材提供者として、「家庭電器/エレクトロニクス」や「機械」などの製造業各社の海外進出を追いかけて、海外直接投資を活発に拡大している。その結果、一部の企業は自社製品の世界におけるシェアをトップレベルに拡大することに成功している。その間、住宅、医薬品など、周辺事業への多角化を指向する企業も多い。

会社名	売上高	売上高海外比率	長期性資産海外比率
三菱ケミカル H.	（売上収益） 　　　3兆7,244億円 ケミカルズ　31.6% 機能商品　23.3% 産業ガス　17.1% ヘルスケア　14.9% その他　13.1%	41.5% 米国　10.9% 中国　7.7% その他　22.9%	（非流動資産）42.7% 米国　16.8% その他　25.9%
富士フイルム H.	（売上高） 　　　2兆4,333億円 ドキュメント S.43.1% ヘルスケア＆マテリアルズ S.　41.2% イメージング S. 　　　15.7% （S. はソリューション）	58.6% 米州　19.0% 欧州　13.0% アジア他 26.6%	（長期性資産）28.9% 米州　10.4% 欧州　6.8% アジア他　11.7%

会社名	売上高	売上高海外比率	長期性資産海外比率
住友化学工業	（売上収益） 　　　　2兆1,905億円 石油化学　　　30.8% 医薬品　　　　22.8% 情報電子化学16.8% 健康・農業　15.5% エネルギー・機能材 料　　　　　11.5% その他　　　　2.6%	63.2% 北米　　　16.8% 中国　　　15.6% その他　　30.8%	（非流動資産）51.8% 北米　　　28.9% 韓国　　　10.6% その他　　12.3%
旭化成工業	（売上高） 　　　　2兆422億円 マテリアル　53.3% 住宅　　　　31.4% ヘルスケア　14.5% その他　　　0.8%	37.6% 中国　　　9.5%	（有形固定資産） 　　　　　　31.7% 米国　　　16.4%
信越化学工業	（売上高） 　　　　1兆4,414億円 塩ビ・化成品34.8% 半導体シリコン 　　　　　　21.4% シリコン　　14.3% 電子・機能材料 　　　　　　14.4% 機能性化学品　8.1% その他　　　7.0%	74.1% 米国　　　23.3% その他　　50.8%	（有形固定資産） 　　　　　　69.9% 米国　　　52.4% その他　　17.5%
三井化学	（売上高） 　　　　1兆3,285億円 基盤素材　　48.0% モビリティ　24.9% フード＆パッケージ ング　　　　14.7% ヘルスケア　10.5% その他　　　1.9%	44.3% 中国　　　10.9% アジア　　14.3% 米国　　　12.2% 欧州　　　6.2% その他　　0.7%	（有形固定資産） 　　　　　　20.3% シンガポール　8.3% アジア　　6.3% その他　　5.7%

会社名	売上高	売上高海外比率	長期性資産海外比率
積水化学工業	（売上高） 　　　　1兆1,074億円 住宅　　　　44.9% 高機能プラスチック ス　　　　34.2% 環境・ライフライン 　　　　20.4% その他　　　0.5%	24.8% 米国　　7.0% 欧州　　5.5% アジア　11.2% その他　1.1%	（有形固定資産） 　　　　27.2% 米国　　6.7% 欧州　　6.7% アジア　11.5% その他　2.3%
日東電工	（売上収益） 　　　　8,562億円 オプトロニクス 　　　　55.7% 工業用テープ38.0% その他　　6.3%	74.1% 米州　　8.8% 欧州　　5.7% アジア・太平洋 　　　　59.6%	（非流動資産）43.2% 米州　　10.5% 欧州　　6.5% アジア・太平洋 　　　　26.2%
東ソー	（売上高）8,228億円 クロル・アルカリ 　　　　40.7% 石油化学　21.2% エンジニアリング 　　　　22.7% その他　　15.4%	46.9% 中国　　15.8% アジア　17.6% その他　13.5%	（有形固定資産） 　　　　12.8%
DIC （2017年12月期）	（売上高）7,894億円 印刷インキ　47.3% ポリマ　24.5% ファインケミカル 　　　　12.8% その他　　15.4%	63.4% 米国　　12.8% その他　50.6%	（有形固定資産） 　　　　45.9% 米国　　11.6% その他　34.3%

会社名	売上高	売上高海外比率	長期性資産海外比率
昭和電工 （2017年12月期）	（売上高）7,803億円 石油化学　　30.8% 化学品　　　16.9% エレクトロニクス 　　　　　　15.5% アルミニウム 12.4% その他　　　24.4%	35.4% アジア　29.6% その他　5.8%	（有形固定資産） 　　　　　　　20.4%
宇部興産	（売上高）6,955億円 化学　　　　43.7% 建設資材　　33.4% 機械　　　　12.7% エネルギー・環境 　　　　　　8.3% その他　　　1.9%	30.3% アジア　19.4% 欧州　　5.8% その他　5.1%	（有形固定資産） 　　　　　　　20.8% タイ　　　14.5% 欧州　　　2.3% その他　　4.0%
日立化成	（売上収益） 　　　　　6,692億円 先端部品システム 　　　　　　55.6% 機能材料　　44.4%	62.1% アジア　43.2% その他　18.9%	（有形固定資産及び 無形資産）52.8% アジア　　31.5% その他　　21.3%
三菱瓦斯化学	（売上高）6,359億円 芳香族化学品 33.3% 機能化学品　32.0% 天然ガス系化学品 　　　　　　26.3% その他　　　8.4%	55.5% アジア　23.5% 中国　　15.1% 米国　　8.1% その他　8.8%	（有形固定資産） 　　　　　　　26.5% アジア　　16.6% その他　　9.9%
日本ペイント H. （2017年12月期） 所在地別海外比率 売上高　　70.9% 営業利益　50.6% 従業員海外比率 　　　　　85.1%	（売上高）6,052億円	71.7% 中国　　43.4% アジア　14.6% 米州　　11.1% その他　2.6%	（有形固定資産） 　　　　　　　68.6% 中国　　　33.0% アジア　　10.8% 米州　　　22.6% その他　　2.2%

会社名	売上高	売上高海外比率		長期性資産海外比率	
カネカ	（売上高）5,961億円	39.7%		（有形固定資産）	
	Material S.U. 40.1%	アジア	18.4%		29.7%
	Nutrition S.U. 27.0%	北米	7.5%	マレーシア	12.6%
	Quality of Life S.U.	欧州	9.9%	北米	7.6%
	25.1%	その他	3.9%	欧州	6.0%
	Health Care S.U.			その他	3.5%
	7.8%				
	(S.U.=Solution Unit)				
クラレ	（売上高）5,184億円	64.4%		（有形固定資産）	
（2017年12月期）	ビニールアセテート	米国	13.0%		55.7%
	45.3%	中国	12.1%	米国	33.9%
	イソプレン 5.8%	欧州	20.6%	ドイツ	9.7%
	機能材料 9.6%	アジア	14.1%	その他	12.1%
	繊維 7.6%	その他	4.6%		
	トレーディング				
	24.2%				
	その他 7.5%				
ダイセル	（売上高）4,629億円	53.2%		（有形固定資産）	
	合成樹脂 36.3%	中国	15.3%		36.3%
	セルロース 19.2%	アジア	18.7%	中国	11.5%
	火工品 25.3%	その他	19.2%	マレーシア	8.2%
	有機合成 17.7%			アジア	7.6%
	その他 1.5%			その他	9.0%
JSR	（売上高）4,219億円	56.6%		（有形固定資産）	
	エラストマー46.8%	中国	12.7%		50.1%
	合成樹脂 12.4%	その他	43.9%	タイ	17.3%
	多角化 40.8%			ハンガリー	17.7%
				その他	15.1%

会社名	売上高	売上高海外比率	長期性資産海外比率
ジーエス・ユアサ コーポレーション	（売上高）4,109億円 自動車電池・海外 45.7% 自動車電池・国内 21.7% 産業電池電源 17.6% 車載用リチウムイオ ン電池 10.9% その他 4.1%	49.9% アジア 26.9% 欧米 16.1% その他 6.9%	（有形固定資産） 27.3% アジア 23.8% 欧米 2.0% その他 1.5%
関西ペイント 所在地別海外比率 売上高 61.3% 営業利益 42.7% 従業員海外比率 61.3%	（売上高）4,019億円	65.3% インド 20.8% アジア 18.6% 欧州 14.7% アフリカ 9.1% その他 2.1%	（有形固定資産） 68.6% インド 17.5% アジア 18.1% 欧州 23.9% アフリカ 8.6% その他 0.5%
デンカ	（売上高）3,956億円 エストラマー・機能 樹脂 45.1% インフラ・ソーシャ ル S. 13.4% 電子・先端プロダク ツ 13.7% 生活・環境 10.4% ライフイノベーショ ン 8.2% その他 9.2%	42.6% アジア 28.6% その他 4.0%	（有形固定資産） 12.4% アジア 9.1% その他 3.3%
日本ゼオン	（売上高）3,326億円 エラストマー素材 57.9% 高機能材料 26.0% その他 16.1%	54.4% アジア 34.5% 北米 8.7% 欧州 9.9% その他 1.3%	（有形固定資産） 16.9% アジア 10.7% 北米 6.1% その他 0.1%

会社名	売上高	売上高海外比率	長期性資産海外比率
日本触媒	（売上高）3,228億円 基礎化学品　37.2% 機能性化学品 53.9% 環境・触媒　8.9%	48.0% アジア　22.1% 欧州　12.9% 北米　8.7% その他　4.3%	（有形固定資産） 42.7% インドネシア 11.8% ベルギー　25.7% その他　5.2%
トクヤマ	（売上高）3,080億円 化成品　30.0% セメント　23.3% ライフアメニティー 16.1% 特殊品　15.5% その他　15.1%	20.8% アジア　17.2% その他　3.6%	（有形固定資産） 7.3%
イビデン	（売上高）3,004億円 電子　38.5% セラミック　37.8% その他　23.7%	70.4% アジア　38.2% 北米　10.9% 欧州　20.4% その他　0.9%	（有形固定資産） 58.6% アジア　31.7% 北米　5.0% 欧州　21.9%

（注1）その他の主要企業
　　　　「大陽日酸」（三菱ケミカル H. 出資50.59%）
　　　　2018年3月期　売上高　5,944億円
　　　　売上高海外比率　41.7%　長期性資産海外比率　66.8%

B　医薬品

　主要各社は、新薬を求めて海外に研究開発拠点を構築する傍ら、海外の開発ベンチャー企業への出資、買収（M&A）に注力している。

会社名	売上高	売上高海外比率	長期性資産海外比率
武田薬品工業	（売上収益） 1兆7,705億円	69.8% 米国 31.1% 欧州・カナダ 16.3% アジア 5.4% その他 17.0%	（非流動資産） 84.2% 米国 47.0% その他 37.2%
アステラス製薬	（売上高） 1兆3,003億円	68.7% 米国 33.5% EMEA 27.0% その他 8.2%	（非流動資産） 47.7% 米国 29.7% EMEA 17.5% その他 0.5%
大塚H. （2017年12月期）	（売上高） 1兆2,399億円 医療関係 62.5% ニュートランシュー ティカル 25.4% その他 12.1%	48.5% 米国 25.1% その他 23.4%	（非流動資産） 66.7% 米国 47.3% その他 19.4%
第一三共	（売上収益） 9,602億円 医療用医薬品92.2% ヘルスケア 7.6% その他 0.2%	35.6% 北米 19.3% 欧州 8.3% その他 8.0%	（非流動資産） 43.1% 北米 37.5% 欧州 3.8% その他 1.85%
エーザイ	（売上収益） 6,000億円	49.6% 米州 19.2% 欧州 13.2% 中国 9.4% その他 7.8%	（非流動資産） 67.3% 北米 56.6% 欧州 5.0% 中国 4.4% その他 1.3%

会社名	売上高	売上高海外比率	長期性資産海外比率
大日本住友製薬 医薬品海外セグメント 売上収益　60.1% 利益　　　74.5% 従業員海外比率 　　　　　33.2%	（売上収益） 　　　　4,668億円 医薬品 日本 30.7% 　　　　北米 51.6% 　　　　中国　5.0% 　　　　その他 3.5% その他　　　9.2%	59.6% 北米　　51.3% その他　8.3%	（非流動資産）78.7% 北米　　　78.3% その他　　0.4%

（注1）その他の主要企業
　　　「田辺三菱製薬」（三菱ケミカル H. 56.39%保有）
　　　2018年3月期　売上高　4,338億円
　　　売上高海外比率　26.0%　長期性資産海外比率　48.6%

C　化粧品/トイレタリー（生活用品）

　わが国の化粧品やトイレタリー（生活用品）メーカーの多くは、主として中国やアジア諸国で売り上げを伸ばし競って現地生産を強化している。

会社名	売上高	売上高海外比率	長期性資産海外比率
花王 （2017年12 月期）	（売上高） 　1兆4,894億円 コンシューマー向け 　　　　　81.6% ケミカル　18.4%	37.0% 米国　　　9.0% アジア　19.3% 欧州　　　8.7%	（非流動資産） 　　　　　24.1% 米州　　　4.0% アジア　15.0% 欧州　　　5.1%

会社名	売上高	売上高海外比率		長期性資産海外比率	
資生堂 (2017年12 月期) 従業員海外 比率 67.3%	(売上高) 1兆50億円	54.5% 米国 16.3% 中国 16.0% 欧州 12.8% その他 9.4%		(有形固定資産) 　　　　　　29.7% 米国 9.6% 中国 6.9% 欧州 5.4% その他 7.8%	
ユニ・ チャーム	(売上高) 6,416億円 パーソナルケア（生 理用品、紙おむつ等） 　　　　　　86.6% ペットケアほか 　　　　　　12.4% その他 1.0%	58.5% 中国 12.9% アジア 30.0% その他 15.6%		(非流動資産) 　　　　　　76.0% 中国 18.9% アジア 35.3% その他 21.8%	
ライオン (2017年12 月期)	(売上高) 4,104億円 一般用消費材 64.5% 海外事業 26.4% 産業用品・その他 　　　　　　9.1%	27.0% アジア 26.4% その他 0.6%		(有形固定資産) 　　　　　　30.3% アジア 30.3%	

Ⅷ　繊維・紙/パルプ

本項では、「A　繊維」、「B　紙/パルプ」の順に取り上げる。

A　繊維

　わが国の繊維産業は、第二次世界大戦直後から、対米製品輸出によって経済復興の役割を担い、「海外直接投資」の面でも、近隣アジア諸国での現地生産を手掛けてきた。

　その後、近隣諸国の追い上げによって事業が衰退した後は、炭素繊維などの商品開発によって新規事業に進出するなど、多角化を進めている。

会社名	売上高		売上高海外比率		長期性資産海外比率	
東レ	（売上高）		54.4%		（有形固定資産）	
		2兆2,048億円	アジア	19.1%		64.8%
	繊維	41.4%	中国	16.7%	韓国	21.5%
	機能化成品	36.4%	その他	18.6%	アジア	16.6%
	環境・エンジニアリ				米国	13.3%
	ング	10.8%			その他	13.4%
	炭素繊維複合材料					
		8.1%				
	その他	3.3%				
帝人	8,349億円		44.4%		（有形固定資産）	
	マテリアル	74.8%	米国	12.8%		47.0%
	ヘルスケア	18.6%	中国	12.8%	米国	14.4%
	その他	6.6%	アジア	8.7%	オランダ	11.0%
			その他	10.1%	アジア	9.9%
					中国	7.5%
					その他	4.2%

会社名	売上高		売上高海外比率		長期性資産海外比率	
日清紡 H.	(売上高) 5,120億円		46.9%		(有形固定資産)	
	エレクトロニクス		アジア	21.8%		41.2%
		37.8%	欧州	17.0%	アジア	24.3%
	ブレーキ	30.1%	その他	8.1%	欧州	11.5%
	精密機器	12.7%			その他	5.4%
	繊維	10.7%				
	その他	8.7%				

(注) 製造小売業として分類される「ファーストリテイリング」は、後段の「XII 小売業」の項で採り上げる。

B　紙/パルプ

　わが国の紙・パルプ業界の主要企業は、海外市場を獲得すべく、現地製造工場を建設して事業を拡張中である。

　また、森林資源を確保するために、息の長い現地植林にも取り組んでいる。

会社名	売上高		売上高海外比率		長期性資産海外比率	
王子製紙 H.	(売上高)		31.0%		(有形固定資産)	
		1兆4,859億円	アジア	19.8%		44.1%
	生活産業資材	40.5%	オセアニア	4.2%	ブラジル	20.1%
	印刷情報メディア		欧州	3.0%	中国	10.3%
		17.8%	その他	4.0%	オセアニア	9.0%
	資源環境ビジネス				その他	4.7%
		16.5%				
	機能材	13.7%				
	その他	11.5%				

会社名	売上高	売上高海外比率	長期性資産海外比率
日 本 製 紙 G. 本社	（売上高） 　　　　　1兆464億円 紙・パルプ　　83.0% 紙関連　　　　9.0% 木材・建材・土木建 設関連　　　　6.0% その他　　　　2.0%	17.0% アジア　　　　7.6% オセアニア　　4.7% その他　　　　4.7%	（有形固定資産） 　　　　　　　13.2%

（注1）その他の主要企業
1．「レンゴー」2018年3月期　売上高　6,057億円
　　売上高海外比率　11.5%
　　長期性資産海外比率（有形固定資産）10%以下
　　海外関連事業従業員比率　31.9%

2．「大王製紙」2018年3月期　売上高　5,313億円
　　売上高海外比率　10%以下
　　長期性資産海外比率（有形固定資産）11.6%

（注2）総合商社の動向
1．「丸紅」日本製紙と合弁で、カナダで事業展開中

2．「住友商事」ロシアで森林資源確保

IX　食品

　食品事業各社の海外展開は、「原材料確保」、「日本の味覚の海外展開」、「海外同業者の買収（M&A）による市場拡大」などの観点から推進されている。「日本の味覚の海外展開」では、永年にわたって地道に積み上げてきた「海外直接投資」の努力が、いま大きな成果を上げている。

　本項では「A　加工食品」、「B　たばこ / 食肉 / 水産物 / 製油 / 製粉」、「C　飲料」の順に述べていく。

A　加工食品

会社名	売上高		売上高海外比率		長期性資産海外比率	
味の素 （海外食品事業） 所在地別海外比率 売上高　　40.4% 営業利益　42.7% 上記事業の従業員 海外比率　58.8%	（売上高） 　　1兆1,502億円 海外食品　　40.4% 日本食品　　33.4% ライフサポート 　　　　　　11.6% ヘルスケア　9.1% その他　　　5.5%		56.1% 米国 タイ アジア その他	 14.0% 10.3% 15.9% 15.9%	56.2% 米国 タイ アジア その他	 22.9% 11.2% 7.1% 15.0%
日清食品 H. （米州地域・中国 地域） 所在地別海外比率 売上高　　20.7% 営業利益　14.7% 海外食品事業の従 業員海外比率 　　　　　　53.1%	（売上高）5,164億円 日清食品　　46.5% 米州地域　　12.5% 中国地域　　8.2% 明星食品　　8.0% その他　　　24.8%		23.8% 米州 その他	 12.5% 11.3%	23.1% 米州 その他	 9.6% 13.5%

会社名	売上高	売上高海外比率	長期性資産海外比率
キッコーマン （海外製造・販売 事業） 所在地別海外比率 売上高　　58.5% 営業利益　53.1%	（売上高）4,306億円 国内食料品　39.7% 国内その他　　1.8% 海外食料品　18.1% 海外食料品卸売 　　　　　　40.4%	58.2% 北米　　42.3% その他　15.9%	35.7% 米国　　　22.9% その他　　12.8%
東洋水産 （海外即席麺事業） 所在地別海外比率 売上高　　18.7% 営業利益　38.0% 同上事業の従業員 海外比率　　6.0%	（売上高）3,888億円 国内即席麺　33.2% 海外即席麺　18.8% 低温食品　　17.7% 水産食品　　　8.2% その他　　　22.1%	18.9% 米州　　18.8% その他　　0.1%	19.2% 米州　　　19.2%
江崎グリコ	（売上高）3,534億円 菓子・冷菓　66.0% 牛乳・乳製品 26.7% その他　　　　7.3%	13.5% 中国　　　7.4% 東南アジア 　　　　　3.8% その他　　2.3%	14.3% 中国　　　　7.5% 東南アジア　6.2% その他　　　0.6%

（注1）その他の主要企業
　　　　「明治H.」売上高　1兆2,408億円
　　　　　　食品　　　　　　　　86.5%
　　　　　　医薬品　　　　　　　13.5%
　　　　　　売上高海外比率　　　10%以下
　　　　　　長期性資産海外比率　11.0%

B　たばこ/食肉/水産物/製油/製粉

会社名	売上高	売上高海外比率	長期性資産海外比率
日本たばこ産業 （海外たばこ事業） 所在地別海外比率 売上高　　57.8% 営業利益　57.3% 上記事業の従業員 海外比率　67.8%	（売上収益） 　　2兆1,396億円 海外たばこ　57.8% 国内たばこ　29.3% その他　　　12.9%	61.2%	61.2%
日本ハム （海外事業） 所在地別海外比率 売上高　　　9.6% 営業利益　-9.6% 上記事業の従業員 海外比率　　9.9%	（売上高） 　　1兆2,692億円 食肉　　　　52.4% 加工　　　　26.9% 海外事業　　9.9% その他　　　10.8%	9.9%	8.9%
マルハニチロ H. 所在地別海外比率 売上高　　18.2% 営業利益　37.3% 上記事業の従業員 海外比率　45.5%	（売上高）9,188億円 商事　　　51.3% 加工　　　23.4% 海外　　　18.0% その他　　　7.3%	16.6% 北米　　6.0% アジア　4.6% 欧州　　4.2% その他　1.8%	22.8%
伊藤ハム米久 H.	（売上高）8,318億円 食肉　　　64.9% 加工食品　34.6% その他　　　0.5%	11.8% アジア　　3.3% オセアニア 　　　　　3.2% 北米ほか　5.3%	26.4% ニュージーランド 　　　　　25.6% その他　　0.8%

会社名	売上高	売上高海外比率	長期性資産海外比率
日本水産	（売上高）6,830億円 食品　　　48.0% 水産　　　42.0% その他　　10.0%	31.5% 北米　　12.7% 欧州　　12.9% その他　　5.9%	26.2% 北米　　　11.8% その他　　14.4%
ニチレイ	（売上高）5,680億円 加工食品　38.8% 低温物流　31.7% 畜産　　　15.5% 水産他　　14.0%	12.9%	11.1%
日清製粉 G. 本社	（売上高）5,400億円 食品　　　47.0% 製粉　　　43.5% その他　　 9.5%	17.8% 米国　　11.8% その他　　6.0%	26.0% 米国　　　14.5% その他　　11.4%
日清オイリオ G.	（売上高）3,380億円 油脂・油糧・加工食品　　　65.9% 加工油脂　27.6% その他　　 6.5%	21.1% アジア　12.4% その他　　8.7%	14.4% アジア　　12.1% その他　　 2.3%

（注１）総合商社の海外食品子会社

１．「三井物産」
　　2011年、ブラジル「マルチグレイン社（穀物）」を買収

２．「伊藤忠商事」
　　2013年、米国「ドール・フーズ社（青果・加工食品）」のアジア事業を買収

３．「丸紅」
　　2013年、米国「ガビロン社（穀物）」を買収

４．「三菱商事」
　　2014年、ノルウェー「セルマック社（さけ養殖）」を買収

C　飲料

会社名	売上高	売上高海外比率	長期性資産海外比率
サントリー H. (2017年12月期)	（売上収益） 　　　2兆4,202億円 飲料・食品　50.6% 酒類　　　　40.7% その他　　　 8.7%	39.4% 米州　　　14.4% 欧州　　　12.9% アジア・豪州 　　　　　12.1%	（非流動資産）82.9% 米州　　　　55.0% 欧州　　　　24.2% アジア・豪州　3.8%
アサヒ G.H. (2017年12月期) （国際セグメント） 所在地別海外比率 売上高　　29.6% 営業利益　16.9% 上記セグメントの 従業員海外比率 　　　　　43.5%	（売上収益） 　　　2兆848億円 酒類　　　　45.2% 飲料　　　　17.6% 国際事業　　29.7% 食品　　　　 5.4% その他　　　 2.1%	30.8%	（非流動資産）76.9%
キリン H. (2017年12月期) （オセアニア・海 外総合飲料その他 事業） 所在地別海外比率 売上高　　　24.0% 営業利益　　34.0% 上記事業の従業員 海外比率　　38.2%	（売上収益） 　　　1兆8,637億円 日本綜合飲料56.4% オセアニア総合飲料 　　　　　18.7% 医薬・バイオケミカ ル　　　　18.7% 海外総合飲料その他 　　　　　 6.2%	31.5% 豪州　　　18.3% その他　　13.2%	（非流動資産）40.4% 豪州　　　　36.4% その他　　　 4.0%

会社名	売上高	売上高海外比率	長期性資産海外比率
ヤクルト本社 所在地別海外比率 売上高　　41.9% 営業利益　68.6% 従業員海外比率 　　　　71.5%	（売上高）4,015億円	42.5% アジア・豪州 　　　　27.9% 米州　　12.5% その他　　2.1%	（有形固定資産） 　　　　　38.1% アジア・豪州 29.1% 米州　　　　7.9% その他　　　1.1%

（注1）その他の主要企業

1．「サントリー食品インターナショナル」（サントリーH.　59.48%保有）

　　2017年12月期　売上収益　　1兆2,340億円

　　売上収益海外比率　　　　　　　44.2%

　　長期性資産海外比率（非流動資産）67.4%

2．「サッポロH.」2017年12月期　売上高　5,515億円

　　国内酒類　　　　　　　　　　50.5%

　　食品・飲料　　　　　　　　　25.0%

　　国際　　　　　　　　　　　　12.6%

　　その他　　　　　　　　　　　11.9%

　　売上高海外比率　　　　　　　16.7%

　　長期性資産海外比率（有形固定資産）10%以下

　　国際事業（所在地別）海外比率

　　売上高　　　　　　　　　　　12.6%

　　営業利益　　　　　　　　　　−7.0%

　　国際事業の従業員海外比率　　18.5%

X　ゴム/ガラス/セメント/セラミックス・その他の製品

本項では、「A　ゴム/ガラス/セメント/セラミックス」と、「B　その他の製品（生活設備機器・楽器・ゲーム機・印刷・医療機器）」に分けて記載する。

A　ゴム/ガラス/セメント/セラミックス

ゴム事業の企業では、いずれもが自動車タイヤを主力商品として、わが国自動車の海外進出と並行して海外事業を推進している。

ガラス、セメント、セラミックなどの窯業各社も、海外競争力ある製品を梃に、海外事業を拡大している。

会社名	売上高		売上高海外比率		長期性資産海外比率	
ブリヂストン (2017年12月期)	(売上高) 	3兆6,434億円	81.2% 米州 EMEA 中国・アジア・大洋州	 48.2% 16.6% 16.4%	(有形固定資産) 米州 EMEA 中国・アジア・大洋州	77.2% 38.9% 13.1% 25.2%
AGC (2017年12月期)	(売上高) ガラス 電子 化学品 その他	1兆4,635億円 50.1% 17.8% 29.7% 2.4%	72.0% アジア 欧州 その他	 36.3% 22.7% 13.0%	(非流動資産) アジア 欧州 その他	75.1% 43.8% 22.7% 8.6%
住友ゴム工業 (2017年12月期)	(売上収益) タイヤ スポーツ その他	8,778億円 86.2% 9.3% 4.5%	63.1% 北米 欧州 アジア その他	 17.5% 12.1% 20.2% 13.3%	(非流動資産) 北米 欧州 アジア その他	65.8% 8.0% 13.4% 28.8% 15.6%

会社名	売上高		売上高海外比率		長期性資産海外比率	
太平洋セメント	（売上高）8,711億円		25.4%		（有形固定資産）	
	セメント	69.1%	米国	15.9%		30.2%
	環境	9.5%	その他	9.5%	米国	20.5%
	建材・建築・土木				その他	9.7%
		8.4%				
	資源	6.7%				
	その他	6.3%				
横浜ゴム	（売上収益）6,462億円		58.0%		（非流動資産） 69.0%	
（2017年12	タイヤ	71.2%	北米	26.3%	米国	12.9%
月期）	MG	17.6%	アジア	14.5%	フィリピン	5.8%
	ATG	9.8%	その他	17.2%	中国	6.6%
	その他	1.4%			インド	26.9%
					その他	16.8%
日本板硝子	（売上高）6,038億円		76.3%		（非流動資産） 86.3%	
	建築ガラス	40.0%	欧州	39.2%	英国	45.3%
	自動車ガラス	51.8%	北米	19.3%	その他	41.0%
	高機能ガラス他 8.2%		その他	17.8%		
TOTO	（売上高）5,923億円		26.0%		（有形固定資産）	
	グローバル住設		中国	12.3%		29.2%
従業員海外		95.2%	米州	7.4%	中国	11.0%
比率 50.9%	その他	4.8%	その他	6.3%	アジア・大洋州	
						15.1%
					その他	3.1%
HOYA	（売上収益）5,356億円		70.9%		（非流動資産） 82.8%	
	ライフケア	65.9%	米国	14.1%	米国	28.5%
	情報・通信	33.3%	中国	9.2%	中国	9.5%
	その他	1.8%	その他	47.6%	タイ	9.2%
					その他	35.6%

会社名	売上高	売上高海外比率		長期性資産海外比率	
日本碍子	（売上高）4,511億円	72.5%		（有形固定資産）	
	電力関連 12.1%	米国	22.4%		56.0%
	セラミックス 59.3%	ドイツ	9.2%	米国	6.0%
	エレクトロニクス	中国	10.9%	ポーランド	25.7%
	28.6%	その他	30.0%	アジア	16.1%
				その他	8.2%
東洋ゴム工業	（売上高）4,050億円	67.1%		（有形固定資産）	
	タイヤ 80.8%	米国	41.3%		61.6%
(2017年12	ダイバーテック他	その他	25.8%	米国	40.8%
月期)	19.2%			マレーシア	12.5%
				その他	8.3%

B その他の製品（生活設備機器・楽器・ゲーム機・印刷・ 医療機器）

わが国には多彩な製品を誇る製造企業が、それぞれ「海外直接投資」を通じてグローバルな事業展開を図っている。

会社名	売上高	売上高海外比率		長期性資産海外比率	
LIXIL G.	（売上収益）	24.9%		（非流動資産）53.2%	
	1兆6,648億円	アジア	8.2%	欧州	33.5%
	ウォーター 42.1%	北米	8.0%	アジア	12.0%
	ハウジング 31.6%	欧州	7.2%	北米	6.5%
	ビルディング 6.4%	その他	1.5%	その他	1.2%
	キッチン 6.4%				
	その他 13.5%				

会社名	売上高	売上高海外比率		長期性資産海外比率	
凸版印刷	（売上高） 　　　　1兆4,527億円 情報コミュニケー ション　　　59.0% 生活・産業　27.4% エレクトロニクス 　　　　　　13.6%	17.0% アジア その他	12.1% 4.9%	（有形固定資産） 　　　　　　20.7% アジア その他	18.1% 2.2%
任天堂	（売上高） 　　　　1兆556億円 3DSプラット フォーム　　17.8% スイッチプラット フォーム　　71.4% その他　　　10.8%	74.5% 米国 欧州 その他	35.7% 25.5% 13.3%	（有形固定資産） 　　　　　　24.2% 米国 その他	23.2% 1.0%
YKK（非上場）	（売上高）7,477億円 AP　　　　55.8% ファスニング43.3% その他　　　0.9%	46.9% アジア 中国 米州 EMEA	17.1% 13.6% 8.8% 7.4%	（有形固定資産） 　　　　　　45.5% アジア 中国 米州 EMEA	23.8% 12.3% 5.0% 4.4%
バンダイナムコ H.	（売上高）6,783億円 ネットワークエンタ テイメント事業 　　　　　　59.5% トイホビー　31.5% その他　　　9.0%	29.5% 米国 欧州 アジア	11.7% 8.8% 9.0%	（有形固定資産） 　　　　　　13.3% 米国 欧州 アジア	2.5% 5.1% 5.7%
テルモ	（売上収益） 　　　　　5,877億円 心臓血管　　55.1% 病院　　　　27.0% 血液システム17.9%	67.9% 米州 欧州 アジア他	29.2% 20.1% 18.6%	（非流動資産）80.9% 米州 欧州 アジア他	71.8% 4.4% 4.7%

会社名	売上高		売上高海外比率		長期性資産海外比率	
ヤマハ	（売上高）4,329億円		69.1%		（有形固定資産）	
	楽器	63.4%	北米	20.1%		27.0%
所在地別海外比率	音響機器	28.1%	欧州	19.6%	北米	1.4%
売上高　　66.6%	その他	8.5%	アジア他	29.4%	欧州	3.1%
営業利益　36.3%					アジア他	22.5%
アシックス	（売上高）4,001億円		74.7%		（有形固定資産）	
			米州	26.8%		48.0%
従業員海外比率			欧州	27.2%	米州	28.5%
80.6%			東アジア	12.5%	欧州	14.5%
			その他	8.2%	その他	5.0%
ニプロ	（売上高）3,954億円		38.9%		（有形固定資産）	
	医療	75.9%	米国	14.4%		34.4%
	医薬	16.9%	欧州	11.7%	米国	3.9%
	フォーマパッケージ		アジア	12.8%	欧州	8.1%
	ング	7.2%			アジア	22.4%

（注1）その他の主要企業

1．「大日本印刷」売上高　1兆4,122億円
　　売上高海外比率　16.0%
　　非流動資産海外比率　10%以下

2．「セガサミーH.」売上高　3,236億円
　　売上高海外比率　17.2%
　　非流動資産（有形固定資産）海外比率　10%以下

XI　金融

　本項では、「A　銀行・証券」と「B　保険・その他の金融」に分け
て取り扱うが、海外事業拡大に積極的な大手企業はいずれも多角化が進
み、持株会社（ホールディングス）の形態をとって、従来からの基幹事
業に加え、周辺事業を取り込んだグループ体制を形作っている。

A　銀行・証券

　銀行・証券は、かつてわが国企業の海外進出のさきがけとして世界各
地に店舗網を拡大し、現地法人を設立してきたが、1990年代バブル崩
壊の時期に一斉に事業を縮小した。その後、再び金融再編を果たした後
は、アジアを中心に支店を再開するとともに、地元銀行への出資も行っ
ている。
　銀行は、各国の異なる金融制度・規制に対応して、多くは「支店」の
形態で事業展開してきたが、買収した現地銀行の寄与も拡大しつつあ
る。

会社名	売上高	売上高海外比率	長期性資産海外比率
三菱 UFJ フィナンシャル G.（国際事業本部）	（経常収益）　　　　　6兆680億円（粗利益）　　　　3兆9,672億円	（経常収益）　　　　　　　　42.5%　米国　　19.0%　欧州・中近東	（有形固定資産）　　　　　　　　18.1%　米国　　　10.3%　その他　　　7.8%
所在地別海外比率売上高　　32.2%営業利益　34.4%上記事業本部の従業員海外比率　　　　　　43.8%	国際　　　　32.3%リテール　　30.9%法人　　　　25.3%市場その他　12.5%	5.8%アジア・大洋州　　　　　　16.4%その他　　1.3%	

会社名	売上高	売上高海外比率	長期性資産海外比率
三井住友フィナン シャル・G. (国際事業部門) 所在地別海外比率 売上高　21.2% 営業利益　33.0% 上記事業部門の従 業員海外比率 　　　　　14.1%	（経常収益） 　　5兆7,641億円 （連結粗収益） 　　2兆9,810億円 リテール　　44.0% ホールセール25.9% 国際　　　　21.2% 市場その他　11.6%	（経常収益） 　　　　　27.7% 米州　　　9.6% 欧州・中近東 　　　　　9.8% アジア・大洋州 　　　　　8.3%	（有形固定資産） 　　　　　52.6% 米州　　　　18.0% 欧州・中近東 34.3% アジア・大洋州 　　　　　　0.3%
野村 H. 所在地別海外比率 売上高　33.7% 営業利益　−0.2%	（収益） 　　1兆4,950億円 ホールセール47.9% 営業　　　　21.6% アセットマネジメン ト　　　　　8.5% その他　　　22.0%	33.6% 米州　　　18.0% 欧州　　　11.2% アジア・大洋州 　　　　　4.4%	（長期性資産）45.5% 米州　　　　27.7% 欧州　　　　15.8% アジア・大洋州 　　　　　　2.0%

（注1）その他の主要企業

　　「みずほフィナンシャル G.」経常収益　3兆5,611億円

　　　経常収益海外比率　32.5%（米州15.5%、欧州5.5%、アジア・大洋州　11.5%）

　　　有形固定資産海外比率　10%以下

　　　所在地別海外比率（グローバルコーポレート、グローバルマーケッツセグメント）

　　　業務粗利益　1兆9,153億円

　　　業務粗利益海外比率　38.3%

　　　業務純益海外比率　61.4%

　　　このセグメントの従業員海外比率　17.0%

（注2）都市銀行1980年代の動き

1．「東京銀行（現在の「三菱 UFJ フィナンシャル G.」）」

　　1983年、以前から設立運営していた「加州東京銀行」を柱として、現地の大
　　手「バンク・オブ・カリフォルニア」を買収（1,800万ドル）。さらに1988年
　　に「ユニオン銀行」を買収し（750万ドル）、自社の社名を「ユニオンバン
　　ク・オブ・カリフォルニア」と改名した。同行は現在も「三菱 UFJ フィナン

シャルG.」の米国における重要拠点として機能している。

2．「富士銀行（現在の「みずほフィナンシャルG.」）」
 1983年、米国リース会社「ウォルター・E・ヘラー社」を4億2,500万ドルで買収。2001年に27億ドルで売却した。

3．「住友銀行（現在の「三井住友フィナンシャルG.」）」
 1984年、スイス「ゴッタルド銀行」を300億円で買収。その後1999年、「スイス生命」に1,100億円で売却。
 1986年、米国の有力投資銀行「ゴールドマン・サックス」に資本参加した（5億ドル）。
 1998年、戦前から米国に保有していた「加州住友銀行」を、地元銀行に700億円で売却した。

4．「第一勧業銀行（現在の「みずほフィナンシャルG.」）」
 1989年、米国「マニュファクチャラー・ハノーバー銀行」の傘下にあった「CITグループ」を買収。その後、同社は、現地の他の同業者を買収、支店出店するなど事業を拡大したが、2001年、本社のグローバルなリストラの一環として1兆1,000億円で「タイコ社」に売却した。

B　保険・その他の金融

　保険事業各社は、かつて損害保険と生命保険の業態に分かれていたが、金融行政自由化により兼業強化の方向にあり、海外展開もその一環である。海外直接投資は、銀行、証券に遅れたものの、近年は海外企業を買収するなど積極的な取り組みが目を惹く。

会社名	売上高	売上高海外比率	長期性資産海外比率
東京海上 H. （海外保険事業） 所在地別海外比率 売上高　　34.8% 営業利益　20.6% 上記事業の従業員 海外比率　35.2%	（経常収益） 　　5兆3,991億円 国内損保　　49.5% 国内生保　　15.2% 海外保険　　34.8% その他　　　0.5%	36.1% 米国　　23.7% その他　12.4%	（有形固定資産） 　　　　　14.8%
オリックス （海外事業） 所在地別海外比率 売上高　　15.5% 営業利益　24.8% 上記事業の従業員 海外比率　25.9%	（連結営業収益） 　　2兆8,728億円 事業投資　　8.8% 海外　　　16.7% リテール　14.9% メンテナンスリース 　　　　　9.6% 不動産　　6.0% 法人金融　4.0%	16.9% 米州　　3.8% その他　13.1%	（海外事業部門の長 期性資産における比 率）　　　　27.8%
日立キャピタル	（売上収益） 　　　　4,041億円 日本　　57.5% 欧州　　25.7% 米州　　5.3% 中国　　4.1% アセアンほか　7.4%	39.4% 欧米　31.3% アジア　8.1%	（有形固定資産及び 無形資産）　34.6% 欧米　　　30.9% アジア　　3.7%

（注1）その他の主要企業

1.「第一生命 H.」

　　経常収益　7兆3,339億円

　　経常収益海外比率　24.3%

　　有形固定資産海外比率　10%以下

　　海外生命保険事業の全社における海外比率

　　売上高　　20.7%

　　営業利益　12.7%

　　この事業の従業員海外比率　8.9%

2．「MS&AD インシュアランス G. H.」
　　経常利益　　4兆4,992億円
　　経常利益海外比率　18.6%
　　有形固定資産海外比率　10%以下
　　海外保険事業の全体における海外比率
　　売上高　　　　16.4%
　　営業利益　　−67.9%
　　この事業の従業員海外比率　22.2%

3．「損害保険ジャパン日本興亜」経常収益　　3兆3,328億円
　　売上高（2兆8,597億円）海外比率　25.0%
　　海外損害保険事業の全社における海外比率
　　売上高　　　　19.2%
　　営業利益　　　14.8%
　　この事業の従業員海外比率　18.3%

XII 小売

　小売業界の海外進出については、当初、百貨店がアジア諸国への出店によって流れを主導したが、その後のバブル崩壊による業界再編成の過程で多くが姿を消した。

　コンビニエンスストアも全体として海外事業に積極的であるが、途上国の自国小規模小売業保護の当局規制や、地元小売業者との競争から、全てが順調に多店舗展開を図れているわけではない。

　なお、わが国小売業全体の観点から展望すると、多種多様な専門小売企業が、規模の大小に限らず積極的に海外進出を図っている。

会社名	売上高	売上高海外比率	長期性資産海外比率
イオン (2018年2月期) (国際事業) <u>所在地別海外比率</u> 売上高　　4.9% 営業利益　0.1% 上記事業の従業員 海外比率　22.3%	(営業収益) 　　8兆3,900億円 綜合スーパー34.3% スーパー・ディスカ ウントストア38.4% ドラッグ・ファーマ シー　　　　8.3% 国際　　　　4.9% サービス・専門店 　　　　　　7.1% その他　　　6.9%	8.5% アセアン　4.0% 中国　　　3.1% その他　　1.4%	(有形固定資産) 　　　　　　12.6% アセアン　9.1% 中国　　　3.2% その他　　0.3%

会社名	売上高	売上高海外比率	長期性資産海外比率
セブン＆アイ・H. （2018年2月期） （海外コンビニ事業） 所在地別海外比率 売上高　　32.8% 営業利益　20.1% 上記事業の従業員 海外比率　31.6%	（営業収益） 　　6兆378億円 コンビニエンス 　　　　　15.4% 海外コンビニエンス 　　　　　32.8% スーパーストア 　　　　　31.3% 百貨店　　10.8% その他　　 9.7%	35.3% 北米　　33.4% その他　 1.9%	（有形固定資産） 　　　　　29.6% 北米　　29.4% その他　 0.2%
ファーストリテイリング （2017年8月期） （海外ユニクロ事業） 所在地別海外比率 売上高　　38.0% 営業利益　39.9% 上記事業の従業員 海外比率　52.2%	（営業収益） 　1兆8,619億円 国内ユニクロ43.5% 海外ユニクロ38.0% グローバルブランド 　　　　　18.3% その他　　 0.2%	43.4% 中国　　14.0% その他　29.4%	（非流動資産）62.4% 中国　　13.0% 米国　　14.2% その他　35.2%
良品計画 （2018年2月期） 所在地別海外比率 売上高　　38.1% 営業利益　36.1% 従業員海外比率 　　　　　72.8%	（営業収益） 　　　3,795億円	37.8% 欧州　　 3.2% アジア・大洋州 　　　　　32.2% 北米　　 2.4%	（有形固定資産） 　　　　　30.2% 欧州　　 2.6% アジア・大洋州 　　　　　21.1% 北米　　 6.5%

（注1）百貨店の出店状況（2019年2月現在　各社HPより）

1．「三越伊勢丹H.」7カ国・地域31カ店

2．「髙島屋」4カ国4カ店

（注２）コンビニエンスストアの出店状況（海外店舗数　各社 HP より）
1．「セブンイレブン」16 カ国・地域 46,780 カ店（2018 年 12 月現在）

2．「ファミリーマート」7 カ国・地域 7,389 カ店（2019 年 1 月現在）

3．「ローソン」5 カ国 1,596 カ店（2018 年 2 月現在）

（注３）その他の小売業各社の進出事例（各社 HP、公表資料より）
1．［書籍］「紀伊国屋書店」10 カ国・地域 27 カ店（2019 年 2 月現在）

2．［キャラクター］「サンリオ」9 カ国・地域 16 社（2018 年 3 月現在）

3．［自動車用品］「オートバックスセブン」7 カ国 41 カ店（2018 年 3 月現在）

4．［眼鏡］「三城 H.」14 カ国・地域 16 カ店（2015 年 3 月現在）

5．［家具］「ニトリ H.」9 カ国・地域 56 カ店（2018 年 2 月現在）

6．［100 円ショップ］「大創産業」26 カ国・地域 1,992 店舗（2018 年 3 月現在）

XⅢ　情報通信

　わが国情報通信事業には「通信業（情報の伝達を行う事業）」、「情報サービス業（情報の処理・提供などのサービスを行う事業）」、「インターネット付随サービス業」などの企業が含まれる（わが国日本標準産業分類による）。それら企業の「海外直接投資」による海外展開の状況を展望すると、現状、「ソフトバンクグループ」と「日本電信電話（NTT グループ各社）」２社が、突出して全体をリードする形となっている。

会社名	売上高		売上高海外比率		長期性資産海外比率	
ソフトバンク G.	（売上高）		51.5%		（非流動資産）	73.7%
		9兆1,587億円	米国	44.1%	米国	50.0%
所在地別海外比率	国内通信	34.8%	その他	7.4%	英国	23.3%
売上高　39.3%	スプリント	37.2%			その他	0.4%
営業利益　19.1%	ヤフー	9.5%				
上記事業の従業員	流通	14.9%				
海外比率　45.3%	その他	3.6%				
楽天	（売上収益）		20.6%		（有形固定資産）	
		9,444億円	米州	15.8%		59.8%
	インターネットサー		欧州	2.8%	米州	39.7%
	ビス	67.1%	その他	2.0%	欧州	18.7%
	Fintech	32.9%			その他	1.4%

　（注１）「日本電信電話（NTT グループ）」営業収益　11兆7,995億円
　　　　売上高（営業収益）海外比率　18.4%
　　　　長期性資産海外比率　10%以下
　　　　傘下の子会社の中では、以下の３社が海外展開に積極的である。
　　　　イ）「NTT ドコモ」（日本電信電話が63.6%保有）営業収益　4兆5,270億円
　　　　売上高海外比率　10%以下
　　　　長期性資産海外比率　10%以下
　　　　かつて積極的に海外通信事業会社の企業買収に参加したが、目的を達成することなく売却して現在に至っている。

ロ）「エヌ・ティ・ティ・データ」（日本電信電話が54.2%保有）
売上高　1兆6,148億円
売上高海外比率　31.2%（北米12.8%　欧州14.6%）
長期性資産海外比率　開示なし
ハ）「エヌ・ティ・ティ・コミュニケーションズ」（日本電信電話100%保
　　有＝非上場）
事業収益　6,990億円
グローバル事業の比率　25.2%（営業収益ベース）

（注2）「KDDI」売上高4兆4,661億円（内、グローバル事業　5.8%）
　　　　売上高海外比率　10%以下
　　　　長期性資産海外比率　開示なし

（注3）「富士通」
　　　　当社は、「Ⅳ　エレクトロニクス」の欄（P. 203）にリストアップしてい
　　　　るが、当社の中心事業である「テクノロジーS.」は、「コンサルティング
　　　　およびシステム構築、保守・運用などの各種サービス」であるとの説明
　　　　があり、これは本項の頭書で情報通信事業の「情報サービス業（情報の
　　　　処理・提供などのサービスを行う事業）」に重なるともいえる。

XIV　不動産・建設・プラントエンジニアリング

　海外不動産事業では、オフィスビル、高層住宅、高級住宅パークなどの開発・建設、さらにはそれら物件の保有・賃貸運用などが中心となっている。

　かつて1980年代後半のいわゆる不動産バブル期には、多くの企業、個人までもが世界各地のオフィスビル、ホテル、リゾートの有名物件を購入したが、それらの殆どは、その後おとずれたバブル終焉と共に売却されていった。

　建設事業は、わが国ODA関連の土木事業や、わが国製造業の海外工場建設からスタートし、現在では海外地元大型案件への取り組みが行われている。

　プラントエンジニアリングでは、石油精製、石油化学、化学肥料、天然ガス液化などの大型プラントが中心となっている。

　これらの事業に加えて、海外における「公共インフラ（発電・上下水道など）」への事業運営参加が、総合商社などにとって期待できる安定した収入源であるとして、投資が行われている。

会社名	売上高	売上高海外比率		長期性資産海外比率	
鹿島建設 （海外関係会社） 所在地別海外比率 売上高　　23.8% 営業利益　　1.0% 上記関係会社の従業員海外比率 　　　　　30.3%	（売上高） 　1兆8,306億円 海外関係会社 23.9%	25.2% 北米 欧州 アジア 大洋州 その他	9.9% 1.2% 6.9% 5.9% 1.3%	（有形固定資産） 北米 欧州 アジア その他	23.4% 3.2% 3.0% 17.1% 0.1%

会社名	売上高	売上高海外比率	長期性資産海外比率
住友林業 （海外事業） 所在地別海外比率 売上高　　27.4％ 営業利益　45.6％ 上記事業の従業員 海外比率　35.7％	（売上高） 　　1兆2,219億円 海外事業　　27.5％	28.7％ 米国　　　18.6％ その他　　10.1％	（有形固定資産） 　　　　　　38.4％ ニュージーランド 　　　　　　25.6％ その他　　12.8％
日揮	（完成工事） 　　　　7,229億円 総合エンジニアリン グ　　　　92.7％ 触媒　　　5.8％ その他　　1.5％	79.5％ 東南アジア 　　　　　10.9％ 中東　　　16.0％ 北米　　　6.5％ 大洋州　　20.3％ その他　　25.8％	（有形固定資産） 　　　　　　10.4％
五洋建設 海外建設事業のセ グメント利益 　　　　　　17.3％ 海外従業員比率 　　　　　　5.1％	（売上高）5,269億円 海外建設　　37.0％ その他　　　63.0％	37.0％ 東南アジア 　　　　　35.2％ その他　　1.8％	（有形固定資産） 　　　　　　23.3％ 東南アジア　18.4％ その他　　4.9％
千代田化工設	（売上高）5,108億円	78.5％ 豪州　　　22.5％ ロシア　　19.8％ 米国　　　21.9％ その他　　14.3％	（有形固定資産） 　　　　　　13.0％ アジア　　11.9％ その他　　1.1％
東洋エンジニアリ ング	（売上高）3,357億円	79.6％ マレーシア 　　　　　21.8％ 米国　　　12.0％ タイ　　　16.6％ インド　　12.8％ その他　　16.4％	（有形固定資産） 　　　　　　25.6％ インドネシア　18.0％ その他　　7.6％

（注１）その他の主要企業

１．「積水ハウス」2018年1月期　売上高　2兆1,593億円
　　海外事業　14.2％
　　非流動資産（有形固定資産）海外比率　10％以下
　　国際事業従業員海外比率　4.5％

２．「大林組」2018年3月期　売上高　1兆9,799億円
　　売上高海外比率　24.3％（内、北米17.4％　アジア6.7％）
　　非流動資産（有形固定資産）海外比率　10％以下
　　海外建築、海外土木（所在地別）海外比率
　　売上高　24.2％
　　営業利益　3.0％
　　上記事業の従業員海外比率　22.6％

３．「三井不動産」2018年3月期　売上高　1兆7,511億円
　　売上高海外比率　10％以下
　　有形固定資産海外比率　13.1％（内、米国10.8％）

４．「三菱地所」2018年3月期　売上高1兆94億円（内、海外事業7.5％）
　　売上高海外比率　10％以下
　　長期性資産海外比率　10％以下
　　1989年、米国屈指の資産家グループ「ロックフェラーG.」から、ニューヨークマンハッタンの高層ビル14棟を含む「ロックフェラープロパティーズインターナショナル」を買収。その後12棟を売却したが、その後も同社を軸に米国不動産事業を展開している。

（注２）公共インフラ事業（発電・上下水道・海水淡水化など）への投資事例

１．「三菱商事」タイ、インドネシア、フィリピン、ブルネイ、ベトナム、ミャンマー、サウジアラビア、ヨルダン、英国（海底送電事業）、ドイツ、フランス、イタリア、ポルトガル、米国、メキシコ、チリ

２．「伊藤忠商事」インドネシア、サウジアラビア、ベルギー、スペイン、チェコ、ブルガリア、米国、オーストラリア

３．「三井物産」シンガポール、タイ、インドネシア、アラブ首長国連邦（アブダビ）、カタール、ヨルダン、トルコ、スペイン、ロシア、米国、カナダ、

メキシコ、オーストラリア

4.「住友商事」中国、台湾、インドネシア、フィリピン、ベトナム、サウジア
ラビア、アラブ首長国連邦（アブダビ）、バーレーン、トルコ、フランス、
イタリア、スペイン、タンザニア、米国、オーストラリア

5.「丸紅」韓国、台湾、シンガポール、タイ、インドネシア、フィリピン、カ
ンボジア、インド、パキスタン、サウジアラビア、アラブ首長国連邦（アブ
ダビ）、カタール、オマーン、トルコ、英国、ポルトガル、アンゴラ、米国、
カナダ、コスタリカ、ジャマイカなどカリブ海地域、オーストラリア

6.「豊田通商」タイ、インドネシア、フィリピン、パキスタン、英国、ケニア、
カナダ

7.「双日」韓国、モンゴル、ベトナム、スリランカ、サウジアラビア、カター
ル、ナミビア、米国、メキシコ

8.「Jパワー」中国、台湾、タイ、インドネシア、フィリピン、ベトナム、スペ
イン、ポーランド、ロシア、米国

9.「東京電力」ほか、「中部電力」、「関西電力」、「九州電力」、「東京瓦斯」、「大
阪瓦斯」台湾、シンガポール、タイ、インドネシア、フィリピン、ベトナ
ム、ラオス、インド、カタール、オマーン、英国、スペイン、カナダ、メキ
シコ、オーストラリア

（注3）総合商社が主導する海外工業団地の建設
1.「三菱商事」フィリピン、ミャンマー

2.「伊藤忠商事」タイ、ベトナム、フィリピン、インドネシア

3.「三井物産」シンガポール、マレーシア、フィリピン、インドネシア（レン
タル工場）、中国（重慶、内モンゴル）

4.「住友商事」タイ、ベトナム、フィリピン、インドネシア、カンボジア、
ミャンマー、インド

5．「丸紅」タイ、フィリピン、インドネシア、ミャンマー、中国（渤海沿岸大規模工業区開発）

6．「豊田通商」インドネシア

7．「双日」ベトナム、インドネシア、インド、中国（河北省）

（注4）バブル期の思い出
［ホテル、リゾート］
1980年代後半からの、いわゆるバブル期には、多くの世界的に有名な不動産物件がわが国企業・個人の所有となった。これらの物件は、その後バブルがはじけて買収企業の経営が悪化すると、殆どが売却された。
1．「西武グループ」
　　グループ中核の「西武鉄道」は、「プリンスホテル」の名前でハワイ・アラスカ・カナダ・台湾・マレーシア・シンガポールにホテルを展開。同時に、ゴルフ場・スキー場にも投資してきたが、負債圧縮のため2007年までにすべてを売却した。
　　また、グループ内の「西洋環境開発」は、米国「ロックフェラーグループ」と共同で英国スコットランドのゴルフの聖地に建つホテル「ザ・オールドコース・ゴルフ・アンド・カントリークラブ」を買収した。

2．「東急電鉄」
　　当社は1995年に「パンパシフィックホテルズアンドリゾーツ」を設立し、環太平洋地域にピーク時10カ国16のホテルを展開していたが、その後のリストラにより1件を残して全てを売却した。

3．「日本航空」および「全日空（現在の「ANA H.」）」
　　両社は競って世界各地で高級ホテルを買収・保有し、経営展開したが、その後、会社自身の構造調整の過程で全てを売却した。

4．「鹿島建設」
　　1992年、ハワイ島でホテル・ゴルフ場・住宅分譲といった典型的なリゾート開発を行ったが、2006年以降、売却、撤退した。

［ホテルマネージメント］
1．「西武セゾングループ」

1988年、世界的ホテルチェーン Hotel Intercontinental Group を2,880億円で買収して世界のホテルチェーン運営に乗り出したが、10年後の1998年、本社経営危機に際して売却やむなき状況に至った。売却相手は英国 Bass 社、売却価格は3,700億円と言われている。

2．「野村證券」
　　2001年、同様のホテルチェーン「ル・メリディアン（フランス）」を3,250億円で買収したが、その後ほどなくして売却した。

［オフィスビル］
この時期、海外主要都市のオフィスビルも、運用対象として取得された。
きっかけは1986年7月、秀和による「ARCO TOWER 2棟」（ロサンゼルス＝買収価格6億2千万ドル）と、すぐ同年翌月、同社による「ABC 本社ビル」（ニューヨーク＝買収価格1億7千万ドル）買収がバブル買占めのスタートであった。
そのほか、「松下興産」が建設取得した、シドニー（オーストラリア）に高層オフィスビル「チフリー・タワー」、「熊谷組」が「ボンド・グループ（豪）」から買収した複数のオフィスビル、「旧日本興業銀行」系の「講和不動産」が買収したパリの歴史的な複数のオフィスビル、「旧長期信用銀行」系の「日本ランディック」が買収した、米国の「ネクサス・シティ・スクエア」、「白山殖産（大阪）」買収の「ロンドン市庁舎」など、いずれもそれぞれ数年を経ずして、巨額の損失を計上して売却された。

XV　運輸・物流

　本項では、海運、陸運、航空、郵便など、運輸・物流事業にかかわる企業全般を対象としている。

　世界の運輸・物流業界は、海運、航空、陸上輸送といずれの分野の企業も、グローバル一貫輸送システム構築を目指して、国境を越えた投資活動を行っている。

　海運会社にとっての主たる投資は船舶保有であるが、伝統的に税務上の便宜からパナマなど特定国の海外船籍としている（ただし開示資料のセグメント情報では、置籍国ではなく、実質的な投資所管国ごとに計上している）。

　航空会社における海外売上高は、国際線売上高＋本邦以外の国・地域における売上高を表すが、使用する航空機材は大部分をリースにて調達しており、非流動資産への計上とはなっていない。

会社名	売上高	売上高海外比率		長期性資産海外比率	
日本郵船	（売上高）	26.7%		27.5%	
	2兆1,832億円	北米	7.4%	北米	3.8%
	定期船　　31.0%	欧州	7.6%	欧州	16.9%
	不定期専用船　36.4%	アジア	10.7%	アジア	6.6%
	物流　　23.3%	その他	1.0%	その他	0.2%
	航空運輸　4.2%				
	その他　5.1%				
商船三井	（売上高）1兆6,523億円	12.7%		（有形固定資産）	
	コンテナ船　45.4%	北米	1.9%		23.7%
	ドライバルク船	欧州	2.4%	北米	3.5%
	16.5%	アジア	8.3%	欧州	0.2%
	自動車船・フェリー	その他	0.1%	アジア	17.0%
	15.8%			その他	3.0%
	エネルギー輸送 15.9%				
	その他　6.4%				

会社名	売上高	売上高海外比率	長期性資産海外比率
ヤマトH.	（営業収益） 　1兆5,388億円	1.8% 北米　　　0.7%	（有形固定資産） 　　　　　0.4% 北米　　　0.1%
川崎汽船	（売上高） 　1兆1,620億円 コンテナ船　51.5% 不定期専用船　44.9% その他　　　3.6%	61.8% 米国　　19.9% 欧州　　12.4% アジア　25.6% その他　　3.9%	（有形固定資産） 　　　　　27.1% シンガポール 11.2% 英国　　15.9%
日立物流	（売上収益）7,003億円 国内物流　62.8% 国際物流　37.2%	29.8% 欧州　　9.2% アジア　6.7% 北米　　5.7% 中国　　7.3%	（非流動資産）24.8% 欧州　　10.4% アジア　6.3% 北米　　5.1%

（注1）その他の主要企業
1．「日本通運」売上高　1兆9,953億円
　　売上高海外比率　26.6%
　　非流動資産海外比率　10%以下
　　（ロジスティックス事業）所在地別海外比率
　　売上高　17.5%
　　営業利益　17.9%
　　この部門の従業員海外比率　26.1%

2．「ANA H.」売上高　1兆9,718億円
　　売上高海外比率　18.6%
　　非流動資産（固定資産）海外比率　10%以下

3．「日本航空」売上高　1兆3,832億円
　　売上高海外比率　38.7%（内、アジア・大洋州　17.2%、米州　15.1%、欧州
　　6.4%）
　　非流動資産（有形固定資産）海外比率　10%以下

XVI　その他サービス

わが国企業はこれまでの項で分類されないものの、多様なサービス事業の分野で、数多くの海外投資を行っている。

会社名	売上高	売上高海外比率	長期性資産海外比率
電通 （2017年12月期） （海外事業） 所在地別海外比率 売上高　　64.1% 営業利益　45.8% 上記事業の従業員 海外比率　70.1%	（売上高） 　　　5兆1,873億円 海外事業　　64.1% 国内事業ほか35.8%	64.1%	（非流動資産）83.7%
リクルートH.	（売上収益） 　　　2兆1,733億円 HRテクノロジー 　　　　　　9.8% メディア＆ソリューション　　31.0% 人材派遣　59.2%	46.1% 米国　　17.6% その他　28.5%	（非流動資産）73.1% 米国　　　23.8% オランダ　32.0% その他　　17.3%
博報堂DY H.	（売上高） 　　　1兆3,350億円	6.8%	（有形固定資産） 　　　　　　14.5% 米国　　10.1% その他　4.4%
セコム	（売上高）9,706億円 セキュリティサービス　　56.2% 防災　　14.1% その他　29.7%	5.0%	（有形固定資産） 　　　　　　2.9%

会社名	売上高	売上高海外比率	長期性資産海外比率
エイチ・アイ・エス （2017年10月決算）	（売上高）6,060億円 旅行 88.4% ハウステンボス 5.8% その他 5.8%	12.7% アジア 5.0% 米国 4.7% その他 3.0%	（有形固定資産） 15.9% アジア 7.8% オセアニア 6.1% その他 2.0%

（注1）［多彩なサービス業の海外直接投資］
上掲の大規模企業以外にも、さらに多彩な業態の企業が海外直接投資を行っている。

1．［教育］
「ベネッセコーポレーション」は、2001年に米国の語学学校「ベルリッツ社」を買収した。

「日本公文研究教育会（公文式学習塾）」は、1974年に海外進出し、現在は46カ国・地域で事業展開している（2019年2月HP）。

「ヤマハ」は、42カ国・地域で「ヤマハ音楽教室」を展開している（2019年2月HP）。

「日本郵船」は、フィリピンに船員養成学校を運営している。

2．［医療］
「セコム医療システム」と「豊田通商」は、インドで総合病院を運営中。

3．［映画］
「ソニー」は1989年に米国「コロンビア・ピクチャーズ社」、2004年に米国「MGM社」を買収。それらを「ソニーエンターテインメントピクチャーズ社」と社名を変更して事業運営している。

4．［スポーツ］
「任天堂」の山内オーナーが出資者となって1991年、米国大リーグ「シアトルマリナーズ」を買収した（その後2016年に売却）。

5．［クリーニング］
　「白洋舎」は、香港・米国（2社）に子会社を設立して事業展開中。

6．［ヘアカット］
　「キュービーネット H.（QB ハウス＝理容店）」は、シンガポールの海外事業
統括拠点の下、4カ国・地域で119カ店を展開中（2018年6月HP）。

7．［駐車場］
　「パーク24」は、7カ国・地域で駐車場事業を展開中（2019年2月HP）。

8．「飲食業」については、個人事業を含めて総じて規模が小体で、出入りが激
しく、正確な実態把握は難しい。
　「元気寿司（すし）」は、米国直営16カ店・その他5カ国・地域160カ店
（2018年3月）。

　「コロワイド＝レインズインターナショナル（牛角）」は、12カ国・地域に
157カ店（2018年12月HP）。

　「ペッパーフードサービス（ペッパーランチ）」は、15カ国に310カ店（全て
フランチャイズ）。

　「重光産業（味千拉麺)」は、12カ国に745カ店（2019年1月HP）。

　「リンガーハット」は、8カ国に15カ店。

　「ハチバン（8番らーめん）」は、2カ国に136カ店。

　「トリドール H.（丸亀製麺＝讃岐うどん）」は、28カ国に528カ店。

　「吉野家 H.（牛丼)」は、11カ国に821カ店（2018年2月HP）。

　「ハウス食品 G. 本社（壱番屋＝カレー）」は、12カ国に168カ店（2017年12
月HP）（ハウスフーズアメリカは、米国9カ店）。

　「モスフード（モスバーガー）」は、8カ国に368カ店（2018年12月HP）。

「サイゼリヤ（ファミリーレストラン）」は、4カ国に382カ店（2018年8月HP）。

「グリーンハウス（さぼてんとんかつ）」は、10カ国に124カ店（2018年9月HP）。

「麦の穂（ビアードパパ・シュークリーム）」は、14カ国に191カ店（2019年1月HP）。

「ダスキン（ミスタードーナツ）」は、7カ国に4,919カ店（2017年12月HP）。

「山崎製パン」は、アジア4カ国でベーカリー、米国でベーカリー・カフェ、フランスでカフェ・洋菓子、アジア4カ国にセントラル工場を運営中。

中島　護（なかじま　まもる）

海外直接投資研究所代表。
三井銀行（現在の三井住友銀行）、アーサーアンダーセン
（現在のKPMG）を経て、2002年「海外直接投資研究所」
を設立。わが国および海外の企業・機関へ海外事業展開
のアドバイスを行っている（その間、米国、英国、韓国
での駐在通算14年）。
現、ラトビア投資開発公社公的代表（東京）。

【著書】
『アジア・太平洋諸国の税務ガイド（共著）』（中央経済
社）1998年
『韓国投資の手引き』（同文舘出版）2002年

— わが国企業の生きる道 —
海外直接投資の在りかた

2020年2月27日　初版第1刷発行

海外直接投資研究所代表
著　　者　中島　　護
発 行 者　中 田 典 昭
発 行 所　東京図書出版
発行発売　株式会社 リフレ出版
　　　　　〒113-0021　東京都文京区本駒込 3-10-4
　　　　　電話 (03)3823-9171　FAX 0120-41-8080
印　　刷　株式会社 ブレイン

© Mamoru Nakajima
ISBN978-4-86641-303-7 C0033
Printed in Japan 2020
落丁・乱丁はお取替えいたします。

ご意見、ご感想をお寄せ下さい。

[宛先]〒113-0021　東京都文京区本駒込 3-10-4
　　　東京図書出版